日本人が知らない
台湾有事

小川和久

JN003656

文春新書

1439

はじめに

Q1 台湾有事について自衛隊ＯＢの本がたくさん出版され、人民解放軍の動きが頻繁にニュースになるなど、緊張感が高まっています。近い将来、本当に中国は台湾や日本に攻め込むのでしょうか？　心配でたまりません。

A　２０２１年３月、当時の米インド太平洋軍司令官デービッドソン海軍大将がアメリカ上院軍事委員会で「台湾に対する中国の脅威は６年以内に現実のものになる」と証言し、台湾有事論に火が点くことになりました。

しかし、デービッドソン発言を中国の脅威に対する警鐘と受け止めるのはよいとして、それに引きずられ、振り回されている状態からは抜け出す必要があります。このあと詳しく説明しますが、日本としては、整理すべき部分を残した生煮えの台湾有事論に右往左往するのでなく、正しく中国に備えることが求められているのです。

デービッドソン発言をみるまでもなく、日本はアメリカの要人の発言に左右される傾向があります。その一方、デービッドソン発言の3カ月後に、アメリカ軍トップのミリー統合参謀本部議長が「中国が台湾全体を掌握する軍事作戦を遂行するだけの本当の能力を持つまでには、まだ道のりは長い」と指摘し、デービッドソン発言を否定しました。ところが、ミリー発言の根拠を取材したメディアはありませんし、政治家や専門家が集ったシミュレーションでもミリー発言は無視されています。不思議だとは思いませんか。ミリー氏の後任として来日したブラウン統合参謀本部議長も２０２３年11月10日、「習近平国家主席は必ずしも台湾を武力で奪いたいわけではないと思う」、「大規模な水陸両用作戦は簡単ではない」と明言しているのです。デービッドソン発言は台湾有事を煽るために利用されているのではないかと疑いたくもなります。

弱点を自覚する人民解放軍は侮りがたい

意外かも知れませんが、軍事の専門家同士として本音ベースで議論するとき、中国の軍部は自軍に台湾や日本に対する侵攻能力が備わっていないことを隠していません。そして、その根拠はミリー統合参謀本部議長と同じなのです。とにかく日本の議論やシミュレーションは、「中国の軍事力が『カタログデータ』通りに機能する」という錯覚のもとに行われる傾向がありますが、軍事は「常識の科学」です。根拠に基づかない戦略、作戦は成り立ちません。だからこそ、おのれの非力を自覚している中国は侮りがたいのです。

本書では、日本の常識だけで判断した台湾有事論で慌てふためくのでなく、正しく中国に備えるため、混乱する日本の議論を整理したいと思います。第1章では日本とアメリカで行われた台湾有事シミュレーションの結果を、第2章では防衛白書とアメリカ国防総省の『中華人民共和国が関与する軍事および安全保障の進展に関する報告書』2023年版(以下、アメリカ国防総省の2023年版報告書と記す)に書かれている人民解放軍の外から見た姿を、第3章では人民解放軍の戦争遂行能力を、第4章ではいま日本が備えるべき軍事力を、第5章では隣人・中国と共存していくための戦略を、それぞれ説明していきます。

日本人が知らない台湾有事　◎目次

はじめに　3

Q1　台湾有事について自衛隊OBの本がたくさん出版され、人民解放軍の動きが頻繁にニュースになるなど、緊張感が高まっています。近い将来、本当に中国は台湾や日本に攻め込むのでしょうか？　心配でたまりません。　3

第1章　台湾侵攻シミュレーションを検証する　15

Q2　台湾有事は「2027年までに起きる」とよく聞きます。これは本当でしょうか？　16

Q3　ただ、ここ数年、様々なシンクタンクが大掛かりな台湾有事のシミュレーションを行っています。人民解放軍制服組のトップからは「誰であれどんな形であれ、中国から台湾を引き離すことを人民解放軍は絶対に許さない。決して手加減しない」という発言もありました。事態は切迫しているように見えますが……。　20

Q4　巨大な人民解放軍のうち、台湾に向けられている戦力はどれくらいで

すか。 22
Q5 人民解放軍が武力行使するのはどんな場合ですか？ 22
Q6 台湾有事についての日本のシミュレーションで、代表的なものを教えてください。 23
Q7 アメリカのシンクタンクのシミュレーションはどうでしょう？ 29
Q8 中国が台湾侵攻に失敗するとすれば、その障壁となるのは何でしょうか。 34
Q9 それでは、注目される中国側の海上輸送能力は？ 38
Q10 中国が輸送能力を確保できた場合、何が障害になりますか。 39
Q11 アメリカ軍によるシミュレーションがあれば、是非とも知りたいものです。 43
Q12 アメリカ側のシミュレーションから、日本が学ぶべき点はありますか？ 53

第2章 日米の報告書が描く人民解放軍 57

Q13 中国人民解放軍はどの程度の軍事力を備えているのでしょうか？ ま

ずは公になっているデータをもとに教えてください。 58
Q14 そんなに活発に活動している人民解放軍なら、是非とも全体像を知りたいものです。 61
Q15 中国の国防費は日本の防衛費とは比べものにならないのでしょうね。 72
Q16 強化される中国の軍事力で注目すべきポイントはどこですか？ 73
Q17 中国の軍事力整備は、何を目指しているのでしょう。 77

第3章 人民解放軍の実力を解剖する 79

Q18 中国人民解放軍のデータは、どこまで信用できるのでしょうか？ 80
Q19 どうしてアメリカ海軍はデータに小細工をするのですか。 83
Q20 中国経済が減速傾向にあるにもかかわらず、それでも中国海軍への脅威論が後を絶たないのは、なにか理由があるのでしょうか。 88
Q21 国防費についても疑う必要がありますね。ここにもトリックがあると？ 89
Q22 中国はアメリカにあおられて軍拡路線を突っ走っているのでしょうか。

90

Q23 日米の報告書からはわからない人民解放軍の実像を明らかにしてください。世界の注目が集まる航空母艦は、特に気になるところです。 91

Q24 空軍と海軍の航空戦力はどうですか。 106

Q25 ときおりマスコミを賑わす空母キラーは本当に脅威なのでしょうか。 111

Q26 アメリカ本土上空を飛行していた中国の気球を、米軍が撃墜した事件がありましたが、どのように眺めるべきなのですか。 118

Q27 宇宙開発でも中国は進歩しているのでしょうか。 125

Q28 短距離弾道ミサイルも、ものすごい数が台湾に狙いをつけていると言われますが。 128

Q29 中国の極超音速ミサイルはすごいと聞きますが。 131

Q30 台湾封鎖で話題になる中国の機雷戦能力はどうでしょう。 136

Q31 中国が台湾を封鎖する場合、機雷はどのように敷設されるのですか。 139

Q32 中国はどれくらいの核兵器を持っているのでしょう。 144

Q33　台湾有事でも核兵器が使われるのでしょうか。　146

Q34　中国のサイバー戦の能力も忘れてはいけませんね。　151

第4章　日本はどう備えるか　155

Q35　中国はそう簡単には台湾に侵攻できないことは分かりましたが、だからと言って安心できる訳ではありません。日本の防衛力整備を進めるに当たって、何をどうすればよいのでしょうか。　156

Q36　先制的自衛権は先制攻撃とは違うのですか。　157

Q37　では、リアリズムに基づいた防衛力整備とはどんなものですか。　160

Q38　まずはミサイル防衛ですが、何が必要でしょうか。　163

Q39　反撃能力の保有については、トマホークが話題になりましたね。　169

Q40　日本にもシェルターは必要なのでしょうか。　178

Q41　日本のサイバー防衛能力はどれくらいのレベルにありますか。　181

第5章　中国の野望をいかに挫くか　193

Q42 目の前に切迫した危機があっても素早く動こうとしない日本ですが、中国を「安全な隣人」に変えようと努力することも必要ではありませんか。 194
Q43 中国が尖閣諸島で領海侵犯したり、東シナ海でレーダー照射しているのを見ると、とても「安全運転中」とは思えませんが……。 196
Q44 台湾の武力統一が困難だとして、中国はどう出てくるでしょう。 205
Q45 台湾におけるハイブリッド戦はどんな展開になるのでしょうか。 210
Q46 巧妙な中国に対して、日本はどのように動くべきですか。 212
おわりに 219

第1章　台湾侵攻シミュレーションを検証する

Q2 台湾有事は「2027年までに起きる」とよく聞きます。これは本当でしょうか？

A

確かに、アメリカ中央情報局（ＣＩＡ）のバーンズ長官は２０２３年２月、ジョージタウン大学での講演で、習近平国家主席が２０２７年までに台湾侵攻の準備を整えるよう軍部に指示した、と明かしています。２０２７年は習主席が３期目から４期目に入る年です。だから、国民の支持を勝ち取って政権基盤を固めるため、世界が目を見張るような行動を起こすだろう、それは台湾の武力統一ではないかという話ですね。

その一方、習主席の指示は軍を引き締め、軍に対する指導力を高めるのが目的なのでは、という見方もあります。２０２２年10月の第20回共産党大会のあと、張又侠上将（大将）が人民解放軍制服組トップの中央軍事委員会副主席に留任するなど、中央軍事委員会には、習主席と関係が深く、信頼が厚いとされる人物が積極的に登用されているからです。軍に対するさらなる指導力の強化が図られているのは間違いないところです。

習近平は人民解放軍の規律の緩みを危惧

習主席は人民解放軍内部の規律が緩み、台湾への武力侵攻どころではない状態にあることを危惧している印象があります。のちほど紹介しますが、習近平体制になってから、軍に対する自己批判の要求が急増しており、人民解放軍は近代戦を戦えないとする内容が目立つのです。人民解放軍内部の堕落といいましょうか、腐敗が目に余るものがあるということですね。

２０２３年10月24日には、同年３月に抜擢されたばかりの李尚福国防相が、主席令によって解任されました。装備調達に関する巨大汚職の疑惑が持たれていたからです。宇宙とミサイルの分野を歩いてきて習主席に抜擢された李国防相ですが、２０２３年５月の段階からロケット軍上層部への追及が始まり、７月にはロケット軍トップの李玉超司令官と徐忠波政治委員が解任されています。そして中国国防省の報道官は８月31日の記者会見で、ロケット軍司令官と政治委員が更迭され、魏鳳和前国防相（初代ロケット軍司令官）が動静不明になっていることについて、「反腐敗」絡みであることを認めていたのです。

習主席は中国にはびこっていた腐敗を摘発することで国民的人気を勝ち取りました。今後ともトップに立ち続けるためには、側近といえども容赦しない姿勢を国民に示すことが必要だったと思われます。習近平人脈から外された太子党（共産党幹部の子弟）などの勢力から、かばいきれないほどの腐敗の実態を突きつけられ、やむなく更迭した可能性もあります。

　こうした出来事のあと、習主席は２０２３年11月15日、サンフランシスコでバイデン大統領と会談、軍事対話の再開などで一致しました。もちろん台湾問題については強硬姿勢を崩しませんでしたが、減速が著しい中国経済の回復のためにアメリカとの関係改善が最優先されるとの判断が際立った訪米劇となりました。習主席は同時にアジア太平洋経済協力会議（ＡＰＥＣ）首脳会議にも出席しましたが、同年９月の主要20カ国・地域首脳会議（Ｇ20サミット）欠席が中国内政の混乱によるものだと憶測を呼んでいただけに、足もとを揺るがしていた権力闘争が沈静化し、指導力を回復したことを内外に印象づけたわけです。

アメリカ軍トップは「習近平はギャンブラーではない」

　指導力が回復したとなると、なおさら軍を引き締めるために中国は台湾に侵攻するのではないか、と恐れる声も出てきますが、心配する必要はありません。詳しくは第5章で述べますが、中国、つまり習主席は２０４９年にアメリカに追いつき、追い越すとの国家目標を最優先しており、その目標が挫折しないように、政権基盤を揺るがしかねない腐敗や冒険主義的な動きを排除しているのです。躓《つまず》いて転ばないように大石小石を取り除いているといいましょうか、一連の粛清劇はそれを表す動きかも知れません。

２０２７年説を口にしたＣＩＡのバーンズ長官も、習主席はロシアのウクライナ侵攻の失敗を見て、いっそう慎重になったと述べています。アメリカ国防総省の２０２３年版報告書も「中国はウクライナ戦争への国際社会の反応に驚いていることはほぼ間違いない。グローバルサウス諸国を説得することの重要性を再確認したと思われる」と記しています。２０２３年７月、岸田文雄首相、吉田圭秀統合幕僚長と会談したミリー統合参謀本部議長も、「習近平はギャンブラーではない。合理的な考え方をする人物だ。だから手強い」と述べています。

Q3 ただ、ここ数年、様々なシンクタンクが大掛かりな台湾有事のシミュレーションを行っています。人民解放軍制服組のトップからは「誰であれどんな形であれ、中国から台湾を引き離すことを人民解放軍は絶対に許さない。決して手加減しない」という発言もありました。事態は切迫しているように見えますが……。

A

シミュレーションは中国の軍事力の増強と、台湾や日本周辺での活動の活発化を受けてのものです。令和5年版防衛白書は台湾への中国の軍事的圧力の強化について、次のように懸念を表明しています。

・台湾国防部の発表によれば、２０２０年9月以降、中国軍機による台湾周辺空域への進入が増加しており、２０２１年には延べ９７０機以上が同空域に進入し、２０２２年には前年を大きく上回る延べ１７００機以上の航空機が台湾周辺空域に進入した。また、同空域への進入アセットについては、従来の戦闘機や爆撃機に加え、２０２１年以降、攻撃ヘリ、空中給油機、ＵＡＶ（無人機）などが確認された。

・中国軍東部戦区は、２０２２年8月2日夜以降、台湾周辺の海・空域において、全ての軍種を動員した実戦化統合訓練を実施し、また、8月10日までの演習期間中に、統合封鎖、対海上・地上攻撃、制空作戦、空中偵察、対潜戦などを演練したと発表。

第2章で詳述しますが人民解放軍の総兵力は正規軍だけで２０４万人。これに対して台湾側は総兵力17万人に過ぎません。２０１８年に徴兵制を停止し、対象者に4カ月間の軍事訓練を義務づけるだけにしていましたが、２０２４年から1年間の徴兵義務が復活します。台湾軍の内訳は以下の通りです。

陸軍9万４０００人、戦車７５０両。海軍２５０隻（21万トン）、駆逐艦・フリゲート30隻、潜水艦4隻、海兵隊1万人。空軍５１０機、うち第4・5世代戦闘機はミラージュ２０００（54機）、F–16（77機）、F–16改（63機）、経国（１２７機）の３２１機です。予備役１６６万人は計画上、48時間で動員可能とされています。

Q4 巨大な人民解放軍のうち、台湾に向けられている戦力はどれくらいですか。

A

アメリカ国防総省の２０２３年版報告書は、台湾に向けられた人民解放軍の戦力を次のように記しています。日本の防衛白書と若干の違いもありますが、おおむね妥当な数字です。

【陸上戦力】陸軍42万人、戦車１１００両（台湾８万９０００人、９００両）、
【航空戦力】戦闘機７５０機（同３００機）、
【海上戦力】空母１隻（同０隻）、強襲揚陸艦３隻（同０隻）、駆逐艦34隻（同４隻）、フリゲート30隻（同22隻）など。

このうち台湾侵攻の最初に投入される６個の水陸両用旅団は、台湾に近い東部戦区に４個、南部戦区に２個が展開しています。

Q5 人民解放軍が武力行使するのはどんな場合ですか？

A

レッドラインと呼ばれる次の７点を越えたら武力行使だと宣言しています。
①台湾独立の正式表明、
②台湾独立への予測不能な動き、
③台湾内部の不安定化、
④台湾の核兵器保有、
⑤統一に関する両岸対話再開の無期限遅延、
⑥外国の台湾内政への介入、
⑦台湾への外国軍隊の駐留、です。

Q6 台湾有事についての日本のシミュレーションで、代表的なものを教えてください。

A

日本のもので本格的なシミュレーションは民間シンクタンク・日本戦略研究フォーラムが２０２３年７月15～16日に行ったものです。日本の安全保障体制の課題を洗い出し、さらに実効性のあるものに高めることが目的で、きわめて重要な意味を持つものでした。日本戦略研究フォーラムは２０２１年から3年連続でシミュレーションを行っており、２０２２年12月に決定された安保3文書（国家安全保障戦略、国家防衛戦略、防衛力整備計画）には、1回目と2回目の成果が反映されています。

シミュレーションの参加者は国家安全保障会議（ＮＳＣ）の9大臣会合と同じ顔ぶれを決め、徹底的かつ真剣な議論が戦わされました。第3回は、首相：小野寺五典衆議院議員、官房長官：長島昭久衆議院議員、外務大臣：和田義明衆議院議員、防衛大臣：木原稔衆議院議員、国家安全保障局長：島田和久元防衛事務次官、内閣情報官：兼原信克元内閣官房副長官補、アメリカ大統領：ケビン・メア元アメリカ国務省日本部長、アメリカ国務長官：松川るい参議院議員、アメリカ国防長官：大塚拓衆議院議員といった顔ぶれでした。

シミュレーションは準備を整えるまでが勝負です。1年がかりの周到な準備には、統裁部長役の岩田清文元陸上幕僚長をはじめ、自衛隊の将官ＯＢ、政府の安全保障政策に関わったことのある官僚ＯＢなどが参加、何回も検討会を重ねて緻密でリアリティのあるシナリオを描き出していきました。

ハイブリッド戦からエスカレート

習主席の思惑について、シミュレーションの報告書は次のように描いています。

「習近平国家主席は、ゼロ・コロナ政策の失敗、国内経済の低迷によって政権基盤が脆弱化したものの、第20回党大会で党総書記３期目をスタート。３期目は『韜光養晦《とうこうようかい》』を基本に双循環政策を進めるが、経済の低迷が続き、社会は不安定化。これを挽回し、党主席として歴史に名を残すため、４期目を前にあらゆる手段を用いた台湾併合を目指す」

そのうえでウクライナ戦争の教訓から、「中国は可能な限り軍事行動に訴えず、情報戦／認知領域の戦い、サイバー攻撃、台湾国内の工作員、反政府勢力、海警、海上民兵を動員して台湾に騒擾を起こす」としています。しかし、「台湾併合の三戦（統一戦線部を中心とした対台湾工作）が目論見通りに運ばず、台湾の平和的統一の希望が潰え、中国指導部は武力を用いた台湾統一の『特別軍事作戦』を決定」という流れです。

つまり、軍事侵攻にエスカレートするまでには時間差があるのです。アメリカ国防総省の２０２３年版報告書も「台湾に恐怖を与え、台湾の人々の指導者に対する信頼を低下させるため、コンピュータネットワークや、台湾の政治・軍事・経済インフラに対する限定的な攻撃が行われるほか、潜入した特殊部隊が重要インフラや指導者を標的にする可能性もある」としています。

シミュレーションはシナリオ①「ハイブリッド戦の始まり」、シナリオ②「台湾有事は我が国有事」、シナリオ③「エスカレートする武力攻撃事態」、と進んでいきますが、シナリオ③では、

- 米国政府の抑制的な措置を「介入の意思なし」と誤解した中国は本格的な着上陸侵攻を開始するが、台湾軍の頑強な抵抗によって膠着状態となり、戦争は長期化する。
- 尖閣諸島周辺海域で海警と海保が衝突し、海保巡視船が沈没。東シナ海で空自戦闘機と海自哨戒艦が被攻撃によって撃墜、沈没。中国のサイバー攻撃で西日本一帯が停電する。
- 中国は、日米の軍事的介入を阻止しようと九州と南西諸島の米軍と自衛隊基地へのミサイル攻撃を開始。
- 与那国島に台湾避難民が殺到、島民と避難民約４００名が未避難。

という結果になっています。

日本は国家の機能不全が浮き彫りに

このシミュレーションは、日本が抑止力を高めるために解決すべき課題を探ることが目的でしたが、狙い通り、国家としての深刻な機能不全が浮き彫りになりました。日本の安全に関わる重要影響事態、存立危機事態、武力攻撃事態という事態の認定ごとに別な政治的配慮が必要で、しかも法的な規制がかかるなど、国家の緊急事態に必要な臨機応変さが欠けているということです。戦争になるかも知れない段階で、そんなことでもたもたしているのかという指摘が参加した国会議員からも続出したのです。

報告書は、「木原防衛大臣は、事態認定の是非について、外交的配慮や国民保護を俯瞰的に見て判断する総理や官房長官と度々衝突することになった」と書いています。「たとえば武力攻撃事態（予測事態）を認定すれば陸上自衛隊の展開は早く行えるが、事態認定の結果、中国が敵対的な位置づけとなるため、国民保護に当たる民間輸送業者の協力が得られなくなるといった具合」だったようです。木原さんはシミュレーションの2カ月後、本物の防衛大臣に就任しました。事態認定の問題はそれまでのシミュレーションでも指摘され、かなり改善の方向も見えてきた訳ですが、今回の結果を受けてさらに実効性のある政策が生まれるのではないかと期待しています。

日本戦略研究フォーラムによるシミュレーションは台湾有事への日本の備えを高めるのが目的です。中国の軍事侵攻のリアルなシナリオがあったらと思わないわけではありませんが、そうなると本来の目的への焦点がぼやけてしまいかねません。不満を抱いてはならないのです。しかし、日本国民が中国の軍事的脅威を過大評価したり、過小評価したりせず、正しく備えを固めていくためには、そういう側面からの発信も必要になります。日米台の被害想定などを取り上げるのも、この本の目的です。

侵攻から2週間で終結するケースも

日本側のシミュレーションは他にも、自衛隊ＯＢや日米の研究者ら30人が参加、２０２３年１月18日から４日間にわたって行われた笹川平和財団のシミュレーションがあります。２０２６年の想定ですが、紛争は人民解放軍の侵攻から２週間ほどで終結しています。

笹川平和財団のシミュレーションでは、中国は２隻の空母を含む１５６隻の艦船と１６８機の戦闘機、48機の軍用輸送機を失い、４万人以上の兵士が死傷しました。台湾は、捕虜を含む１万３０００人の兵士の死傷者を出し、18隻の艦船と２００機の軍用機を喪失、アメリカ軍も死傷者1万7000人、19隻の艦船と400機の戦闘機を失いました。自衛隊は15隻の艦船とF‐35やF‐2を含む144機の戦闘機を失い、日本の基地は中国のミサイル攻撃などで自衛隊員2500人が犠牲になり、民間人の死傷者は数百人から1000人以上にのぼりました。中国の敗因は日米台の反撃で補給路が断たれ、台湾上空での航空優勢（制空権）を失ったことです。

Q7　アメリカのシンクタンクのシミュレーションはどうでしょう？

A　代表的なのはCSIS（戦略国際問題研究所）のものです。2023年1月9日にシミュレーションの報告書『次の戦争における最初の戦い　中国の台湾侵攻のウォーゲーム』が公表されていますから、要点をご紹介しましょう。報告書は冒頭、次のように述べています。

「中国が台湾への水陸両用侵攻を試みたらどうなるか？　CSISは、中国による台湾への水陸両用侵攻を想定したウォーゲームを開発し、24回実施した。ほとんどのシナリオで、アメリカ／台湾／日本は中国による通常の水陸両用侵攻を破り、台湾の自治を維持した」「しかし、この防衛には高いコストがかかった。アメリカとその同盟国は、数十隻の艦船、数百機の航空機、数万人の軍人を失った」

「台湾経済は壊滅的な打撃を受けた。さらに、多大な損失は、長年にわたってアメリカの世界的地位を損なった。中国も大きな損失を被った。台湾占領に失敗すれば、中国共産党の支配が不安定になるかもしれない。したがって、勝利するだけでは十分ではない。アメリカは直ちに抑止力を強化する必要がある」

悲観的シナリオまで5種類を検証

このシミュレーションの狙いは台湾危機の重要性を浮き彫りにするとともに、抑止力を高めるために解決すべき課題を探るところにあり、決して中国の脅威を煽ることを目的としている訳ではありませんが、読者がもっとも知りたいシミュレーションの結果から入りましょう。シミュレーションは「基本シナリオ」、「人民解放軍が優勢な悲観的シナリオ」、「楽観的シナリオ」、「台湾が単独で防衛するシナリオ」、「ラグナロク（極めて悲観的な）シナリオ」の5種類のシナリオで行われました。以下、各シナリオの結果を紹介します。

【基本シナリオ】

失われた双方の兵力は、アメリカが戦闘機２７０機、空母２隻を含む艦船17隻、日本が戦闘機１１２機、艦船26隻。中国側は戦闘機１５５機、艦船１３８隻を失いましたが、37個大隊３万人を台湾南部に上陸させ、台南の港を占領、14日間にわたり２６００㎢を支配します。しかし、主要都市を占領することができず、上陸に使った艦船の大部分が甚大な損害を蒙りました。

【人民解放軍が優勢な悲観的シナリオ】

失われた日米の兵力はアメリカが戦闘機４８４機、艦船14隻、日本が戦闘機１６１機、艦船14隻。中国側は戦闘機３２７機、艦船１１３隻を失いましたが、４万３０００人を上陸させ、21日間にわたり台湾本島の17％にあたる６２４０㎢を支配します。地上戦による人的損失は人民解放軍１万７０００人、台湾軍２万２０００人にのぼりました。人民解放軍が優勢になったのはアメリカの意思決定が遅れ、開戦後にやっと動員を開始し、戦闘行動に入ったのも開戦１週間後だったことが決定的な原因です。

【楽観的シナリオ】

失われた日米の兵力はアメリカが戦闘機２００機、艦船８隻、日本が戦闘機90機、艦船16隻。中国側は戦闘機18機、艦船１２９隻を失いながらも２万２０００人を上陸させました。しかし、７日間で７８０㎢を支配したにとどまりました。中国艦隊は最初の３日間で甚大な損害を出しました。

【台湾が単独で防衛するシナリオ】

人民解放軍の上陸兵力は16万５０００人、70日間にわたり台湾本島のすべて３万６０００㎢を支配するという結果が出ました。人民解放軍は防備が手薄な台湾南部に上陸、３週間後に台南と高雄を、６週目には台中を占領、10週間後には台北の総統官邸を占拠します。２カ月半の作戦期間中、人民解放軍は２３０個大隊を台湾に上陸させ、台北が陥落したとき１６５個大隊が台北に入っていました。人民解放軍の地上戦での損害は７万人。うち２万３０００人が死亡。台湾軍の損害は動員兵力の半分の８万５０００人。

【ラグナロク（極めて悲観的な）シナリオ】

CSISでは、人民解放軍がシナリオの数々で完全勝利を達成できなかったことから、人民解放軍が勝利するためのシナリオを描いてみる必要がありました。これはあり得ないシナリオですが、アメリカや日本が抑止力を強化するための分析にとって意味がある作業です。

このシナリオの結果は、人民解放軍の圧倒的な勝利に終わりました。アメリカ軍は合計4隻の空母、43隻の巡洋艦と駆逐艦、15隻の攻撃型原潜を失いました。日本が中立を保ち、アメリカの軍事介入を許さない場合、アメリカ軍の戦闘機や攻撃機は有効な作戦を実施できませんでした。グアムから出撃させる場合、基地が弾道ミサイルで攻撃されたり、空中給油機が中国戦闘機に攻撃されることで、台湾上空での十分な作戦をすることができません。アメリカ軍の戦略爆撃機は人民解放軍の対空ミサイルの射程圏外から長射程の巡航ミサイルを発射できますが、日本の基地が使えない場合、護衛する戦闘機がいない爆撃機は中国戦闘機の攻撃にさらされることになります。この「ラグナロク」シナリオでは日本の基地、すなわち日米同盟の重要性が浮き彫りになっています。

以上のように、報告書では様々なシナリオが示されていますが、中国が有利になるのは、アメリカ軍の参戦が2週間後になったり、日本が中立的な姿勢をとった場合などとしています。逆に日米台が有利になるのは、自衛隊が初日から参戦する、日本の基地の航空機防護用のシェルターが増えている、日本の大規模空港を使える、海兵沿岸連隊（ＭＬＲ）が開戦前から台湾に駐留している場合などです。

Q8 中国が台湾侵攻に失敗するとすれば、その障壁となるのは何でしょうか。

A

報告書は、「中国の台湾侵攻は困難で、ほとんどの条件下で失敗するとした理由」を次のように述べています。

「兵力を積み込んで輸送し、敵の海岸に上陸して兵力を増強し、それから内陸に移動するという作業は、本質的に困難である。１９４４年、アメリカは太平洋作戦の次の段階として台湾侵攻を検討した。しかし、その困難さゆえに却下された。ＣＳＩＳのウォーゲーム専門家ベン・ジェンセンは『台湾での水陸両用攻撃は、有名な１９４４年のオーバーロード作戦（Ｄデイ上陸作戦）よりも複雑な作戦である』と指摘している」

ここに書かれている「Ｄデイ」とは、史上最大の作戦とも呼ばれ、スピルバーグ監督の映画『プライベート・ライアン』でも知られているノルマンディー上陸作戦の初日を意味しています。ノルマンディー上陸作戦では、６月６日から８月末の間に２０５万人が上陸。初日にも16万人、７月上旬までに１１３万人が上陸しています。

ＣＳＩＳの24回のシミュレーションでは、そのうち21回で人民解放軍は台湾の守備が薄い南部に上陸しました。人民解放軍は上陸作戦初日に約８０００人、最初の３日半で１万６０００人を上陸させる能力を持っていました。しかし、Ｄデイにおける連合軍の能力よりはるかに劣っており、最初の上陸に成功しても最終的な成功が保証されるわけではありませんでした。

中国には上陸作戦を実行する能力がない

「台湾有事」を論じる上で大前提となるのは、そもそも人民解放軍に台湾上陸作戦を遂行できる能力が備わっているかどうかです。実は中国の軍事力は、台湾への上陸作戦を実行する能力を備えていないのです。これはアメリカ陸軍と海兵隊の専門家には周知の事実で、当の人民解放軍自身も自覚しています。

まず、上陸作戦を成立させる条件ですが、①航空優勢、②上陸時に現地の兵力が防衛側より多いこと、③上陸地点の兵力を防衛側より速やかに増強できること、の3要素が揃っていなければなりません。このうち②を見ると、中国の上陸部隊は台湾側の3倍以上、50万人ほどが生き残っていなければ、台湾全土を占領することはできません。50万人ほどが台湾海峡で撃沈される輸送船舶に乗っていると考えれば、中国の港を出るときの総兵力は１００万人ほどが必要と言うことになります。この部隊は、強襲揚陸艦に乗って上陸作戦を敢行する水陸両用旅団に続くもので第2梯団と呼ばれます。

この１００万人を前提に、作戦が成立するかどうかを考えてみましょう。まず海上輸送の問題があります。ノルマンディー上陸作戦に匹敵する１００万人規模の陸軍部隊を運ぶためには、３０００万トンから５０００万トン規模の船腹量が必要です。ところが、中国が保有する民間商船を全部かき集めてきても、６２００万トン。そのほとんどが経済活動に従事している訳で、成功するかどうかわからない作戦のために活動を停止させることはできません。

海上輸送能力の計算式は世界共通だ

上陸作戦に必要な海上輸送能力は、どの国も同じような計算式によって割り出します。私はソ連による北方脅威論が叫ばれていた１９７７年、陸上幕僚監部の防衛部から教育を受けました。海上輸送の場合、重量トンではなく「容積トン」で計算します。兵士１人は４容積トン。重量40トンの戦車なら90容積トンと計算するのです。

　この計算式をもとにソ連軍の１個自動車化狙撃師団（定員１万３０００人、車両３０００両、うち戦車２００両）と１週間分の燃料・弾薬・食料などの輸送に必要な船腹量を計算すると、25万～50万トンとなります。当時の極東ソ連では小舟までかき集めても、そんな船腹量は確保できません。北海道侵攻に投入できる戦力は３個自動車化狙撃師団、１個空挺師団、１個海軍歩兵旅団、１個空中機動旅団にすぎませんでした。これだけしか投入できないとなれば、全滅を覚悟しない限りソ連軍には北海道への上陸作戦はできない、という結論になります。

　しかし当時の日本では、今にもソ連軍が北海道に攻め込んでくるとの報道が氾濫していたのです。１９８０年代からアメリカ陸軍と海兵隊は甲板面積あたりの計算に変更しており、１個機械化歩兵師団に必要な船腹量を10万トンとしていますが、膨大な船が必要なのは変わりません。

中国の台湾上陸をシミュレーションする際も、この計算式は基本中の基本ですが、台湾有事を語る自衛隊ＯＢの言説にはこの点に触れたものが見られず、不思議でなりません。

Q9 それでは、注目される中国側の海上輸送能力は？

A 上陸作戦の先頭に立つ水陸両用旅団は強襲揚陸艦、ドック型揚陸艦のほかに、ロールオン／ロールオフ船（ＲＯ-ＲＯ船）を使います。将来的には、ＲＯ-ＲＯ船だけで7個集団軍と関連旅団の兵員30万人と車両を10日間で輸送できると見積もられています。このほか上陸作戦に動員できる１０００トン以上の民間船舶は２０１９年段階で３９８７隻あり、さらにその2倍以上の外国籍の中国船があります。これは２００３年の「国防動員民間輸送資源条例」、２０１０年の「国防動員法」、２０１６年の「国防輸送法」によって、国防輸送支援部隊の編成が可能になった結果です。真っ先に投入される水陸両用旅団が台北を占領できれば、台湾の全面占領が可能な１００万人規模の第2梯団を投入できることになります。もちろん、成功する確率が高くない上陸作戦のために、経済活動に従事している民間船を総動員することは考えにくいのですが、中国が台湾占領に必要な海上輸送能力を備えはじめたことは、気を許してはならない動きです。

Q10 中国が輸送能力を確保できた場合、何が障害になりますか。

台湾陸軍の研究書に掲載された上陸適地図

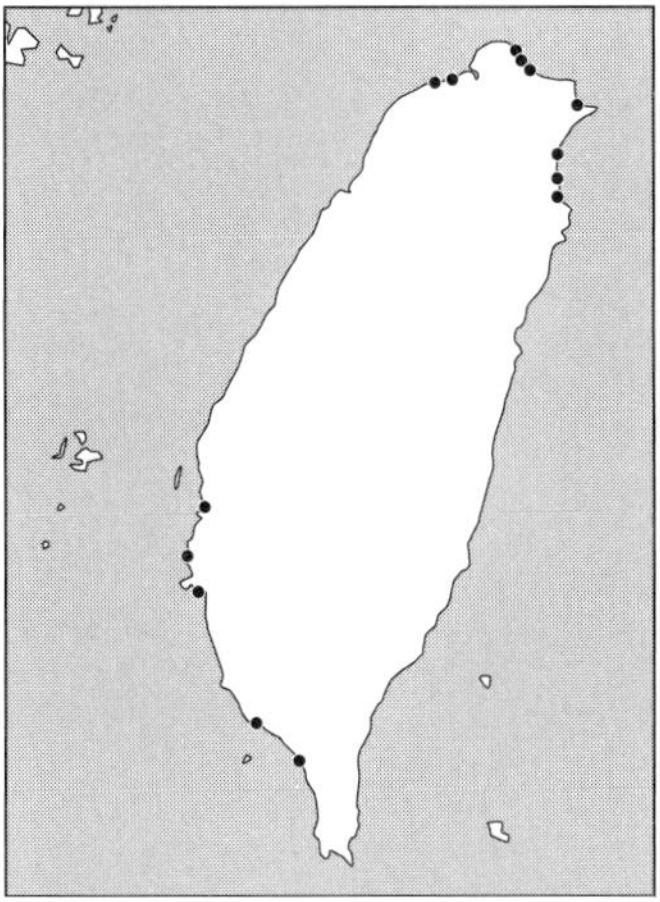

出典：呉奇諭『工兵部隊執行激浪區布雷作業之研究』

A 上陸できる海岸があるかどうかです。上陸適地と言います。海から部隊を送り込むためには3000人あたり岩礁などの障害物のない幅2キロほどの海岸線が必要です。ところが台湾の海岸線1139キロのうち、上陸適地はわずか10％ほどで、14カ所しかありません。

台湾陸軍の呉奇諭中佐の論文『工兵部隊執行激浪區布雷作業之研究』（『陸軍學術工兵半年刊』２０１５年10月）によれば、人民解放軍の上陸に最も適したレッド・ビーチは、南部の屏東県枋寮郷の加禄堂海岸（14カ所のうち最大）と北部の新北市金山区の金山南海岸です。その次に上陸に適しているイエロー・ビーチ12カ所は、新北市林口区（台北港付近）、桃園市蘆竹区の海湖海岸（桃園国際空港付近）、新北市金山区の金山北海岸、新北市万里区の翡翠湾海水浴場、新北市貢寮区の福隆海水浴場、宜蘭県頭城鎮、宜蘭県壮囲郷、宜蘭県五結郷、嘉義県布袋鎮、台南市将軍区および七股区の台南北海岸、台南市南区の黄金海岸（台南空港付近）、高雄市林園区（高雄国際空港付近）です。

呉奇諭中佐の狙いは人民解放軍の立場で台湾上陸作戦を考え、台湾軍に上陸適地の防衛を強化させるところにあります。軍事専門家なら当然の作業ですね。敵に自国の弱点を教えるのかというのは子供じみた考えです。

この限られた地点を目指し、人民解放軍は台湾側の砲兵部隊の射程圏外70キロあたりの海域で輸送船から上陸用舟艇やホバークラフトに移乗し、殺到することになります。しかし、第3章で述べるように航空優勢（制空権）を確保できない中国側には、上陸部隊を上空から支援するエアカバーに限界があります。

これを迎え撃つ台湾の軍事力は先に述べたとおりですが、台湾側は海空軍の対艦戦闘能力を突出させており、過半数の人民解放軍を洋上で撃破し、残りの人民解放軍も上陸適地を固める陸軍部隊によって阻止できます。上陸に難渋する人民解放軍に対して、陸上を迅速に移動できる台湾軍は、上陸地点への増強の点でも上回っているのです。航空優勢だけでなく海上優勢（制海権）を持たない中国の上陸部隊は海の藻くずとなるのです。アメリカ国防総省の2023年版報告書は、台湾への水陸両用侵攻は人民解放軍にとって最も複雑で困難な軍事作戦のひとつで、たとえ上陸に成功し、橋頭堡を築いたとしても、習主席と中国共産党にとって重大な政治的・軍事的リスクとなる、と記しています。

人民解放軍に非力さを実感させる

以上のシミュレーションを受けてCSISは、「中国を抑止するには、自分たちに武力統一能力がないのではないかと中国に疑わせることが必要で、そのためにはアメリカの軍事力が充分に備わっていなければならない」と強調しています。そして、

①アメリカの参戦が遅れるほど困難な闘いになる、

②台湾有事には、各国が協力してロシアに対処した「ウクライナ・モデル」は存在しないから、中国が行動を起こす前に必要な兵器や装備品を備えておく必要がある、
③台湾は中国に艦船対艦船、航空機対航空機で対抗できないから、携帯可能なジャベリン対戦車ミサイルやスティンガー対空ミサイルのような軽快かつ秘匿性の高い兵器による「ヤマアラシ戦略」を採用すべき、
などと提言しています。

ただ、CSISのシミュレーションには問題があります。人民解放軍は防備が手薄な台湾南部から上陸する想定になっていますが、実際には台湾南部の上陸適地2カ所は堅固な防備のもとにあります。台湾軍は2カ所に部隊を迅速に増強することができるため、上陸はそう簡単ではありません。さらに問題なのは、人民解放軍が目指さなければならないのは首都・台北の占領なのに、上陸が南部では遠すぎて、台湾軍が単独で防衛しているシナリオでも台北まで10週間かかるとしています。この間に来援するアメリカ軍が到着してしまう可能性が大きく、もともと中国側に不利な想定になっている印象があります。これはシミュレーションに参加したアメリカ軍の関係者が、上陸作戦の知識を持たない海軍や空軍だったことによるのかも知れません。この点は自衛隊ＯＢが参加した日本のシミュレー

ションにも共通するところがあります。

Q11 アメリカ軍によるシミュレーションがあれば、是非とも知りたいものです。

A 日本の安全保障にとって参考になるものをご紹介しましょう。このシミュレーションは２０２３年６月、アメリカのシンクタンク・国際海洋安全保障センター（ＣＩＭＳＥＣ）のウェブサイトに『アイランド・ブリッツ：人民解放軍による台湾占領作戦の分析』のタイトルで掲載されました。筆者はアメリカ海兵隊のマクスウェル・スチュアート少佐。執筆時、海兵隊司令部作戦部の現役幕僚です。個人的な見解と断っていますが、基本的には台湾防衛のために人民解放軍と地上戦を戦うアメリカ海兵隊、そして陸軍の考えを反映したものと考えてよいと思います。

　ずばり結論から言えば、スチュアート少佐は次の点に警告を発しているのです。

①中国が軍事侵攻の動きを見せても、アメリカの政府や議会はすぐには手を打たないだろう、

②人民解放軍は自分たちが台湾を全面占領する能力がないと自覚しているから、アメリカ側がもたつき、軍事介入してくる前に台湾の首都・台北を占領し目的を遂げようとするだろう、

③政治家は自分たちの立法責任を自覚して台湾有事に対処できるようにしろ。

ざっと、こんなところでしょうか。

スチュアート少佐は、台湾の軍事的防衛に断固としてコミットしようとしない「戦略的曖昧さ」というアメリカ政府の公式方針に危機感を抱いています。中国が台湾の武力統一に出た場合、アメリカの政権には限定的な戦争権限法以外には明確な法的権限がないからです。これは台湾関係法、米中の関係正常化と発展に関する3つの共同コミュニケ、アメリカは台北と北京の間の仲介役を務めないなど6つの保証を土台とするアメリカの「一つの中国政策」の結果です。武力統一の兆候が現れ、侵攻が始まると、ホワイトハウス、国防総省、連邦議会の間で時間のかかる議論が行われることになる、とスチュアート少佐は言います。この点は日本戦略研究フォーラムのシミュレーションと似ていますが、決定的な違いは、スチュアート少佐がホワイトハウスと政治家、官僚機構に覚醒を促すため、具体的な軍事侵攻のシミュレーションを突きつけている点です。シミュレーションは、アメ

リカの軍事介入が間に合うのは人民解放軍の侵攻の何日後までなのか、台湾軍が抵抗できる時間はどのくらいあるのか、などを割り出すことを目指しています。

台湾侵攻の可能性が高い「夏」

ここからは、スチュアート少佐のシナリオを、順を追って紹介していきましょう。シナリオは、習主席が2022年10月の第20回党大会が終了した時点で人民解放軍に対して2023年夏に台湾の武力統一を完了するよう命令したことを前提に描かれています。夏の数カ月間は、台湾海峡の潮の状態が最も良く、投入される徴兵部隊の即応態勢が最も整っており、大規模な戦力動員を例年の夏季演習であるかのように見せかけることができ、絶好なタイミングなのです。

大規模な軍事作戦は、事前に動きを察知することができます。軍事侵攻の兆候には、軍需品生産の急増、制裁の影響から経済を守るための行動、中国国内の外国資産の凍結、外国にある中国資産の返還、重要物資と戦争材料の備蓄、中国国民の戦争への心理的準備、船舶、航空機、装甲車両の大規模な移動、徴兵制の「停止」を含む総動員などが挙げられます。アメリカと台湾は、侵攻の兆候を6カ月前から察知し、攻撃の1カ月前に「侵攻がありうる」という評価を下します。アメリカ軍がロシア軍のウクライナ侵攻を5カ月前に摑んでいたのと同じようなタイミングです。

アメリカの人民解放軍に関する第一人者ブラスコ元陸軍中佐によれば、台湾侵攻に投入されるのは次の3つの集団軍に所属する6つの水陸両用旅団です。①第72集団軍—第5水陸両用旅団（浙江省杭州市）、第124水陸両用旅団（浙江省杭州市）、②第73集団軍—第14水陸両用旅団（福建省漳州市）、第91水陸両用旅団（福建省漳州市）、③第74集団軍—第1水陸両用旅団（広東省普洛市）、第125水陸両用旅団（広東省普洛市）。1個旅団は5000人で車両400両以上を備えています。これを6個旅団ですから3万人と車両2400両以上です。

アメリカが参戦する前に台北を占領せよ！

人民解放軍の目標はもちろん台北です。シナリオでは、人民解放軍の最終目標は台北を完全に占領し、台北以南の台湾軍が反撃して首都を解放できないようにすることにあります。台北を占領すれば、アメリカが介入する恐れがなくなると判断しているからです。この目的の達成のため、中国は侵攻のスピードを重視する一方、西太平洋のアメリカ軍基地などを先制攻撃しないことを選択しています。作戦は、①統合火力打撃作戦（ＪＦＳＯ）、離島占領、機雷戦、②海峡横断と初期上陸、③橋頭堡の確保と部隊の増強、④台北の占領、で組み立てられています。

上陸作戦はいきなり台湾本島を狙うのではなく、まずは金門島・馬祖島など中国沿岸の島を押さえます。人民解放軍の教科書によれば、台湾侵攻の最初に行われるＪＦＳＯの目的は、敵対国の指導部と住民を威嚇し、抵抗する意思を断ち切り、戦略的意図を放棄させるか撤回させることにあります。巡航ミサイル、弾道ミサイル、ロケット砲と、サイバー攻撃や電子攻撃を組み合わせ、台湾の指揮統制（Ｃ２）、沿岸を固める砲兵、海軍戦闘機による防空能力を組織的に低下させ、空軍の大部分を地上で破壊する、としています。強襲上陸作戦は、このＪＦＳＯが成功する流れの中で行われることになります。すさまじい攻撃になると思います。

こうして戦端が開かれ、台湾空軍の大部分はＪＦＳＯにより地上または空中で撃破されます。これは60～２００発の短距離弾道ミサイル（ＳＲＢＭ）で可能とみられます。ＳＲＢＭの在庫は約１０００発ですから、人民解放軍のミサイルの50％以上がアメリカが介入したときのために残されていることになります。

機雷戦　中国は掃海艇38隻を喪失

対する台湾軍による機雷の敷設はＪＦＳＯの72時間前から開始されます。それ以前だと、民間船の航行に支障が出るからです。台湾は４隻の機雷戦艦艇を保有しており、それぞれ約１５０個の機雷を搭載できます。また海龍級潜水艦は中国のキロ級潜水艦とほぼ同じ大きさで、機雷敷設能力があります。これに対して人民解放軍の57隻の掃海艇のうち50隻が掃海活動に投入され、ＪＦＳＯの開始から15日目に台湾軍が敷設した機雷の80％を除去、上陸部隊のための2本のルートを確保します。この掃海活動で中国は38隻の掃海艇を失います（注・第3章で述べるように２０２３年末現在、中国は小型の沿岸掃海艇まで入れても41隻の掃海艇しか保有しておらず、スチュアート少佐は更新されていないデータを使ったと思われる）。

上陸適地は14カ所

そしていよいよ、ＪＦＳＯの開始から15日目、人民解放軍の上陸作戦が開始されます。台湾には上陸適地が限られることを熟知している人民解放軍は、台北に近い３カ所に部隊

台湾周辺の地図

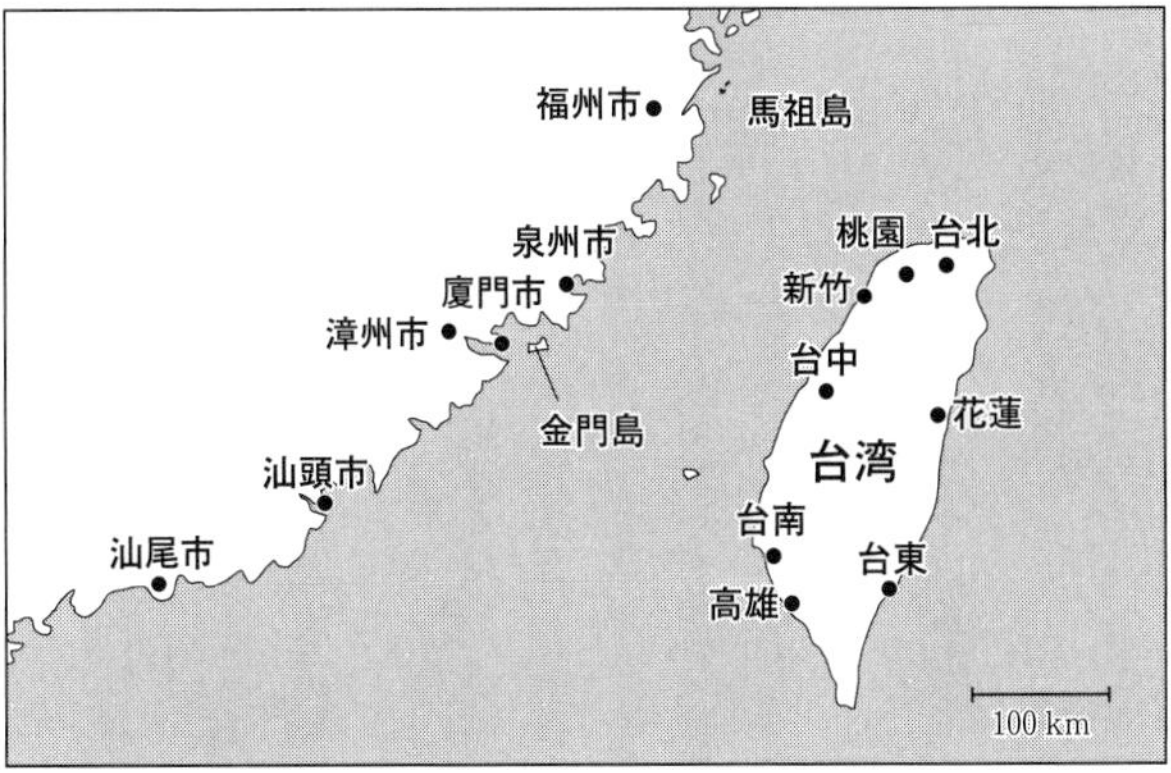

を集中的に投入します。上陸地点の幅は１カ所あたり１・５〜２キロに拡張されていきます。上陸地点は主要な工業港・台北港と桃園国際空港の両方に近いため、部隊の増強と物資の補給、負傷者の後送などを迅速に行うことができます。

　上陸作戦が順調に推移すると、人民解放軍は上陸開始から19日目には26万２０００人を台北が間近な地点に展開することができます。台北突入時の激しい市街戦を成功させるには４対１の兵力差が必要で、人民解放軍の突撃任務部隊は20万６０００人の兵力にのぼります。上陸作戦が順調ならそれも可能で、台北全市の制圧には９日間を要するとみられます。しかし、台湾軍の抵抗が激しくて上陸８日目から13日目にかけて損耗率が50％を越えると作戦は中断されると見られます。

台湾は一貫して人民解放軍の侵攻に備えて海軍と空軍の対艦戦闘能力を突出させてきました。このシナリオで人民解放軍の上陸部隊が大きな損害を出すと見積もられるのは、アメリカ製のハープーン（射程１２４〜２２０キロ）と国産の雄風Ⅲ型ミサイル（同４００キロ）という台湾軍の対艦ミサイルが多数、展開しているからです。

人民解放軍はアメリカ海兵隊のイラク作戦に学んだ

それでも中国は、台北を目掛けて殺到してくるでしょう。人民解放軍のドクトリン（戦術教義）は２００３年のバグダッドと２００４年のファルージャのアメリカ第1海兵師団による電撃的な奪取を、台湾で模倣すべき典型的かつ迅速な都市攻撃としています。台湾軍を押し戻しながら進撃する速度は1日5キロ。このスピードならアメリカ軍の到着までに台北を占領することが可能になるからです。

これに対する台湾軍は陸軍の第6旅団と海兵旅団の4万８１００人。当初5万１５００人だったものが大きく損耗しています。ここに上陸地点を防衛していた部隊の残存兵力８５００人が加わります。こちらも2万人だったのが激減しています。

台湾軍は書類上では１６６万人の予備役を招集できることになっています。しかし、台

上陸開始（作戦開始から15～20日目）

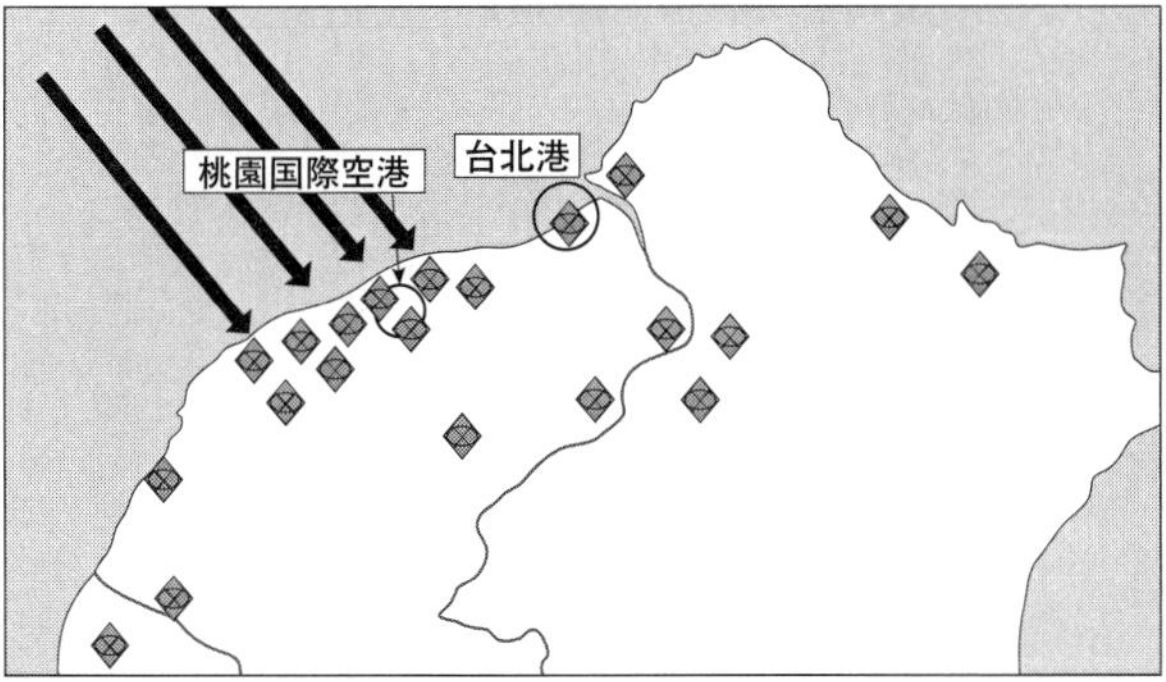

台北正面の突破、制圧（上陸開始から31日目）

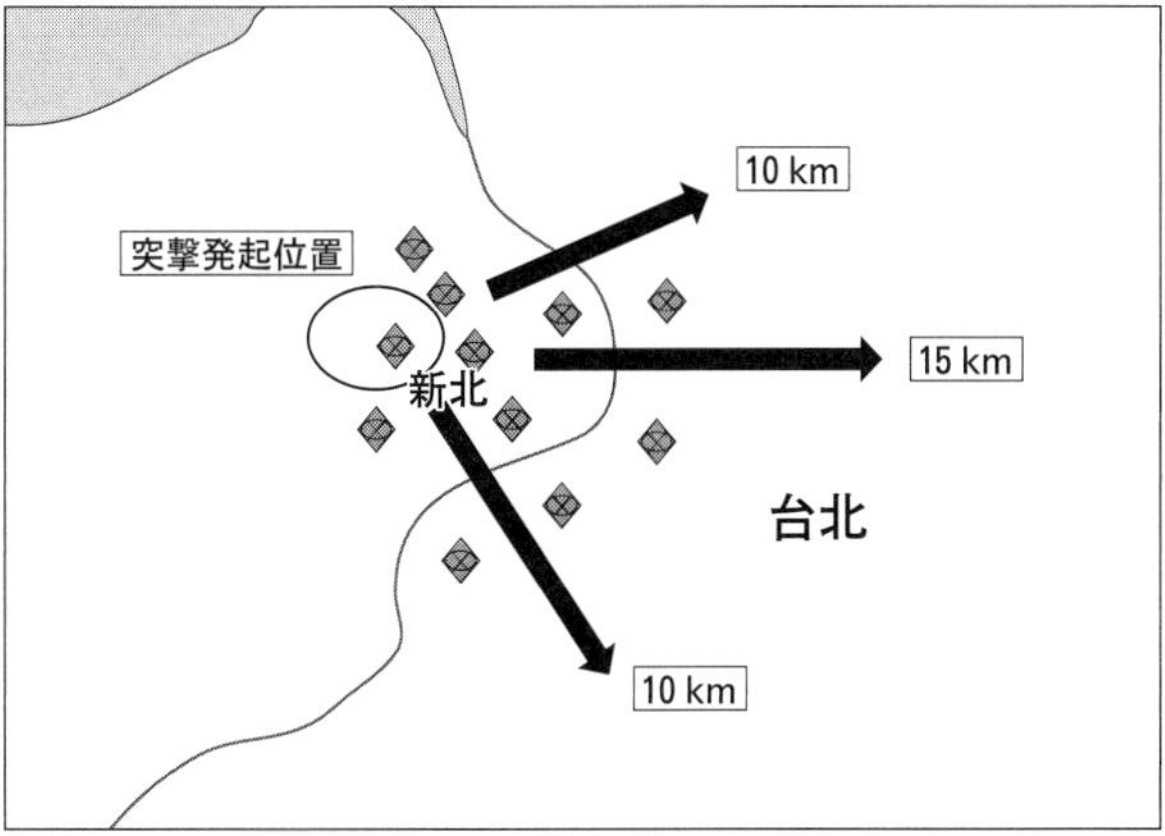

出典：国際海洋安全保障センター（CIMSEC）『アイランド・ブリッツ：人民解放軍による台湾占領作戦の分析』（アメリカ海兵隊マクスウェル・スチュアート少佐作成）

湾政府も認めているように戦闘可能な予備役は30万人ほど。せいぜい2年に1度招集され、5～7日間の再訓練を受けているにすぎないからです。30万人のうち出頭するのは73％の21万9000人と推定され、これが戦闘に投入されます。

追い込まれた中国は核に手をかけるか

ここまでが台北占領直前の展開ですが、アメリカ政府や議会がもたつく結果、沖縄の海兵隊も軍事介入できません。中国側は日米安保体制が台湾有事に対して発動されないよう、慎重に作戦を立てると思います。

アメリカ軍が台湾有事に単独で活動できると考えるのは危険な誤解だと、スチュアート少佐は警告します。そして、アメリカの政権は連邦緊急事態管理庁（FEMA）が管理する全米演習プログラム（NEP）の優先順位を修正し、国家間の大規模な紛争への備えを加えるべきだと提言しています。FEMAの戦略優先事項は、「政府機能の継続」、「サイバーセキュリティ」、「経済復興と回復力」、「国家安全保障上の緊急事態と壊滅的事故」などで構成されていますが、戦争の準備が含まれていないからです。さらに、アメリカ連邦議会が行った台湾有事のシミュレーションについて、「自らの立法責任を問うのではなく、大統領の国家安全保障チームの役割を担っていた」と手厳しく批判しています。

　また、アメリカ国防総省の２０２３年版報告書は「台湾での軍事的敗北が共産党政権の存続を著しく脅かす場合、北京は抑止力回復のための核兵器使用も検討するだろう」と注意を喚起しています。人民解放軍と戦うとき、窮鼠猫をかむ状態にまで追い込まないことが重要になるということですね。今後の日本のシミュレーションでも留意されるべき角度だと思います。

Q12 アメリカ側のシミュレーションから、日本が学ぶべき点はありますか？

A 日本戦略研究フォーラムのシミュレーションで特に重要なのは、事態認定など日本の有事体制が機能しない点が浮き彫りになっていることです。そうした課題を解決していくうえでもシミュレーションは有意義でしたが、アメリカ側のリアルなシミュレーションとは違い、軍事面の想定の甘さがあることは指摘しておかなければなりません。陸海空自衛隊の高位を務めた参加メンバーにしても、知っているはずの基礎知識、例えば、さきに述べたような海上輸送の計算式や台湾側の上陸適地を踏まえた議論をしていませんし、人民解放軍の兵器の数と「カタログデータ」を前提に軍事バランスを語る一方、第3章で述べるような軍事力を機能させるためのインフラの問題に言及しておらず、「日本の常識」で描かれた図上演習に終始した面があるのです。これでは日本の安全と繁栄を実現するための国家戦略も生まれてこようはずはありません。そうした課題を克服するためにも、日本戦略研究フォーラムなどの今後の取り組みに期待したいと思います。

各シミュレーションの要点

◆日本戦略研究フォーラム（2023 年 7 月に実施）

・共同対処でアメリカの国内手続きに数日を要した
・攻撃目標リストのすり合わせなども円滑に運ばず
・武力攻撃予測事態の認定手続きが対中配慮のため円滑に進まず
・事態認定の遅れから先島諸島などの住民の退避と自衛隊の展開に影響
・海上保安庁は海上警備強化と非戦闘員の退避の二正面作戦に苦慮
・能動的サイバー防御では発信元の特定に時間を要し、被害が拡大の懸念

◆ CSIS（戦略国際問題研究所：2022 年に 24 回実施）	
基本シナリオ	比較的短期間で中国が敗退。…中国は 3 万人を台湾南部に上陸させ、台南の港を占領、14 日間にわたり 2600 ㎢を支配したが敗退。 損害：中国（戦闘機 155 機、艦船 138 隻）、アメリカ（戦闘機 270 機、空母 2 隻など艦船 17 隻）、日本（戦闘機 112 機、艦船 26 隻）
悲観的シナリオ	戦闘は長期化、広範囲が戦場に。…中国は 4 万 3000 人を上陸させ、21 日間にわたり台湾本島の 17%にあたる 6240 ㎢を支配。 損害：中国（戦闘機 327 機、艦船 113 隻）、アメリカ（戦闘機 484 機、艦船 14 隻）、日本（戦闘機 161 機、艦船 14 隻） 地上戦による人的損失：中国軍 1 万 7000 人、台湾軍 2 万 2000 人
楽観的シナリオ	基本シナリオより早く中国が敗退。米台の死傷者は少数。…中国は 2 万 2000 人を上陸させ、7 日間で 780 ㎢を支配したが敗退。中国艦隊は最初の 3 日間で甚大な損害を受ける。 損害：中国（戦闘機 18 機、艦船 129 隻）、アメリカ（戦闘機 200 機、艦船 8 隻）、日本（戦闘機 90 機、艦船 16 隻）
「台湾単独」シナリオ	中国が台湾全島を占領。…中国は 16 万 5000 人を上陸させ、70 日間にわたり台湾全島 3 万 6000 ㎢を支配、10 週間後には台北の総統官邸を占拠して勝利する。 地上戦での損害：中国 7 万人（うち 2 万 3000 人が死亡）、台湾 8 万 5000 人
ラグナロク（極めて悲観的な）シナリオ	中国の圧倒的勝利。 損害：アメリカ海軍（空母 4 隻、巡洋艦・駆逐艦 43 隻、攻撃型原潜 15 隻）

◆スチュアート少佐の論文（2023 年 6 月に公開）

・中国軍は統合火力打撃作戦（JFSO）で台湾空軍の大部分を地上または空中で撃破
・台湾軍は JFSO の 72 時間前から機雷敷設を開始
・中国軍は JFSO 開始から 15 日目に機雷の 80%を除去、掃海艇 38 隻を喪失
・JFSO 開始から 15 日目、中国の水陸両用旅団が台湾北東部の 3 カ所に上陸作戦開始
・上陸開始から 19 日目、中国軍は 26 万 2000 人を台北の至近距離に展開。その後、上陸開始から 9～12 日間で台北を制圧
・台北防衛の台湾軍は陸軍の第 6 旅団と海兵旅団の 4 万 8100 人。予備役 21 万 5000 人の残存兵

第2章　日米の報告書が描く人民解放軍

Q13 中国人民解放軍はどの程度の軍事力を備えているのでしょうか？　まずは公になっているデータをもとに教えてください。

A

人民解放軍の動きについては、令和5年版防衛白書が次のように危機感を滲ませていますので、それを紹介するところから始めます。アメリカ国防総省の２０２３年版報告書も同じようなデータと分析を示していますが、ここではより詳しい防衛白書の記述を使いたいと思います。

「わが国周辺海空域における活動を拡大・活発化させており、行動を一方的にエスカレートさせる事案もみられるなど、強く懸念される状況となっている。空自による中国機に対する緊急発進の回数は、平成28（２０１６）年度には８５１回と過去最多を更新し、以降も引き続き高水準にある。また、インド洋などの遠方へと進出する海軍艦艇によるわが国近海の航行や、太平洋、日本海などへの進出を伴う海上・航空戦力の訓練とみられる活動を継続的に行ってきている」

防衛白書に記された「日本周辺波高し」

　さらに、防衛白書には具体例も書いてあります。「わが国近海を航行しての太平洋への進出及び帰投は、高い頻度で継続している。進出経路については、沖縄本島・宮古島間の海域のほか、大隅海峡や、与那国島と西表島近傍の仲ノ神島の間の海域、奄美大島と横当《よこあて》島《じま》の間の海域、津軽海峡や宗谷海峡を中国海軍艦艇が通過する事例が確認されている。このような活動を通じ、中国はわが国近海の航行を伴う太平洋への進出行動の常態化を企図しつつ、外洋へのアクセス能力の向上、ひいては外洋での作戦遂行能力の向上も目指しているものと考えられる」と警戒感を隠していません。

　空母の活動と領海や接続水域への侵入の代表的なものを箇条書きしておきます。

・２０１６年12月、複数の艦艇とともに空母「遼寧」が東シナ海を航行し、沖縄本島・宮古島間の海域を通過して初めて太平洋へ進出。

・２０１８年４月、２０１９年６月、２０２０年４月、２０２１年４月及び12月並びに２０２２年５月及び12月、空母「遼寧」は他の艦艇と共に太平洋へ進出。

・２０２３年４月、空母「山東」の太平洋での活動が初めて確認され、艦載戦闘機などの発着艦も確認。

ちなみに「山東」は令和５年度版防衛白書が刊行されたあとの２０２３年10月から11月にかけて、宮古島南方の太平洋上で５７０回の発着艦訓練をおこなっています。

・２０１６年６月、ジャンカイⅠ級フリゲート１隻が海軍戦闘艦艇としては初めて尖閣諸島周辺の接続水域に入域。
・２０１６年６月、ドンディアオ級情報収集艦１隻が、口永良部島《くちのえらぶじま》及び屋久島付近の領海内を航行。
・２０１８年１月、潜没航行していたシャン級潜水艦及びジャンカイⅡ級フリゲートそれぞれ１隻が同日に尖閣諸島周辺の接続水域内に入域。
・２０２０年６月及び２０２１年９月、奄美大島周辺の接続水域において中国国籍と推定される潜水艦の潜没航行が確認。
・２０２１年11月、２０２２年４月、７月、９月、11月及び12月、さらに２０２３年２月、中国海軍シュパン級測量艦１隻が、口永良部島、口之島及び屋久島付近の領海内を航行。
・２０２２年７月、ジャンウェイⅡ級フリゲート１隻が魚釣島南西の接続水域に入域。

Q14 そんなに活発に活動している人民解放軍なら、是非とも全体像を知りたいものです。

A

中国の武装力は、人民解放軍、人民武装警察部隊（武警）と民兵から構成され、中国共産党中央軍事委員会の指導と指揮を受けるものとされています。人民解放軍は総兵力２０４万人（日本25万人）。陸・海・空軍、ロケット軍、戦略支援部隊、統合兵站支援部隊などからなり、武警は主にパトロール、突発事態対処、対テロ、海上における権益擁護・法執行、緊急救援、防衛作戦などに従事、民兵は平時においては経済建設などに従事しつつ、有事には戦時後方支援任務を負うとされます。

人民解放軍の配置は陸軍を基本として次のようになっています。

北部戦区（司令部・瀋陽、戦区陸軍機関・済南、海軍司令部・青島）
中部戦区（司令部・北京、戦区陸軍機関・石家荘）

東部戦区（司令部・南京、戦区陸軍機関・福州、海軍司令部・寧波）
西部戦区（司令部・成都、戦区陸軍機関・蘭州）
南部戦区（司令部・広州、戦区陸軍機関・南寧、海軍司令部・湛江）

《陸上戦力》

台湾侵攻の主力となる巨大な陸上戦力は約97万人、戦車など６０５０両と、インド、北朝鮮に次いで世界第3位、陸上自衛隊の14万人の6倍以上です。歩兵部隊の自動車化や機械化など機動力を高め、空軍に所属する空挺部隊、陸軍と海軍の双方に部隊が存在する水陸両用部隊、特殊部隊やヘリコプター部隊の強化が図られています。台湾侵攻の時の尖兵となる水陸両用旅団は、戦闘機部隊などを持つアメリカの海兵隊とは比べるべくもないレベルですが、増強が進められています。

《海上戦力》

海上戦力は、艦艇７２０隻、２３２万トン。空母2隻、駆逐艦・フリゲート90隻、潜水艦70隻、陸戦隊（海兵隊）４万人。艦艇の内訳は、近代的駆逐艦・フリゲート88隻（日本

日本の周辺国の軍事力比較　令和5年版「防衛白書」より

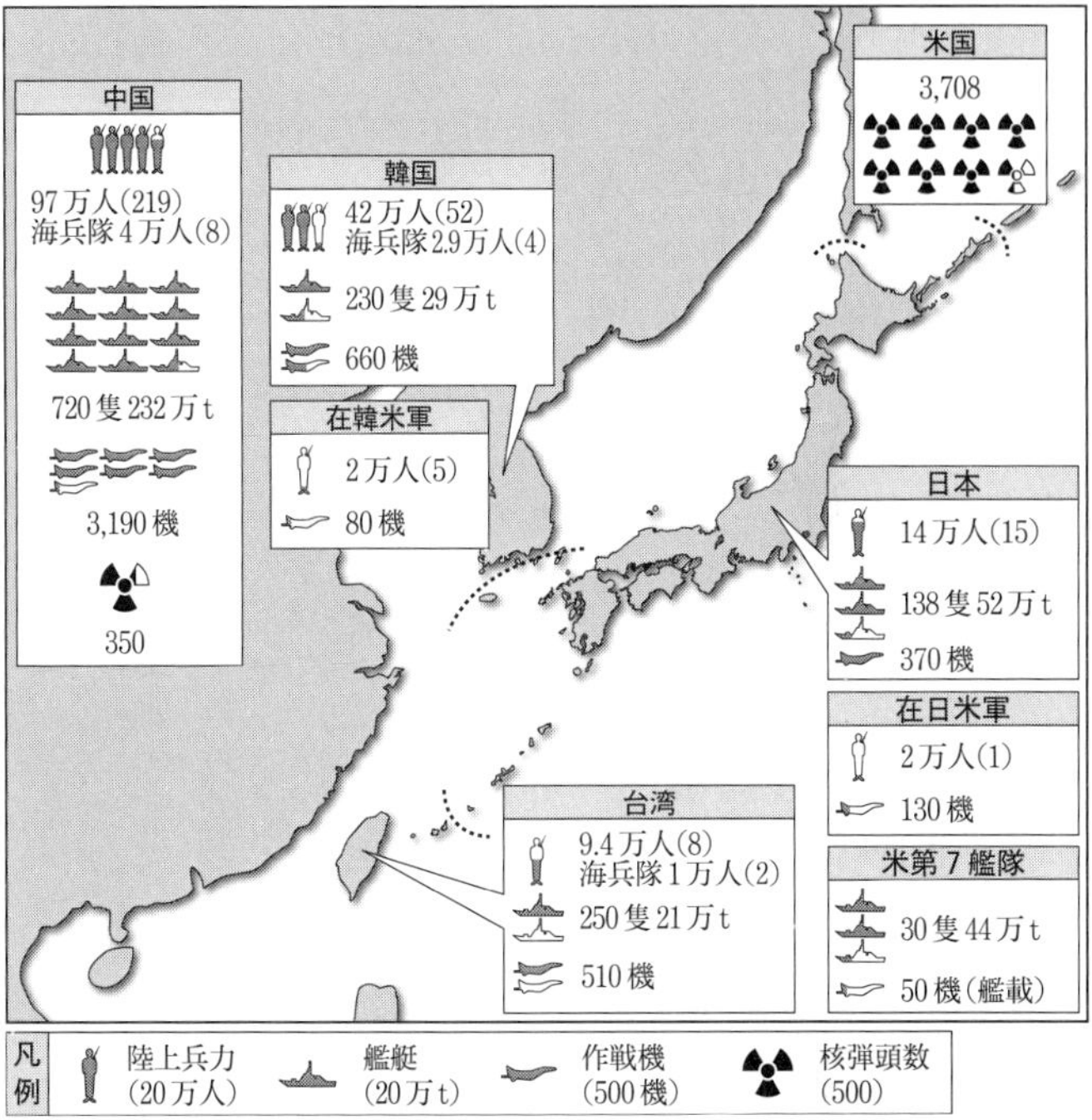

(注) 1　資料は、米国防省公表資料、『ミリタリー・バランス（2023)』、『SIPRI Yearbook 2022』などによる。
2　日本については令和4年度末における各自衛隊の実勢力を示し、作戦機数は航空自衛隊の作戦機（輸送機を除く）及び海上自衛隊の作戦機（固定翼のみ）の合計である。
3　在日・在韓駐留米軍の陸上兵力は、陸軍及び海兵隊の総数を示す。
4　作戦機については、海軍及び海兵隊機を含む。
5　(　) 内は、師団、旅団などの基幹部隊の数の合計。
6　米第7艦隊については、日本及びグアムに前方展開している兵力を示す。
7　在日米軍及び米第7艦隊の作戦機数については戦闘機のみ。

50隻）、近代的潜水艦57隻（日本22隻）となっています。駆逐艦は外洋で活動できるような多機能の軍艦で、独立して、または主力水上艦部隊の一部として活動します。フリゲートは駆逐艦とコルベットの中間の船体で、外洋活動能力を備えています。コルベットはフリゲートと哨戒艦艇の中間の船体で、独立して活動できますし、主力戦闘艦部隊の一部としても活動できます。

海上戦力は、北海、東海、南海の３艦隊から編成され、戦闘艦艇の数ではアメリカ海軍を上回った可能性が指摘されています。

世界が注目する空母は、２０１２年９月に就役した初の空母「遼寧」（満載排水量５万９４３９トン、搭載航空機24～36機、ウクライナが建造を中断したワリャークを購入）が空母運用能力を高めるためのテスト艦として南シナ海、東シナ海、太平洋などで活動を続けています。２０１７年４月に進水した初の国産空母「山東」（満載排水量６万７０００トン、搭載航空機32～36機）は南シナ海正面の海南島三亜を拠点に活動中で、「遼寧」の改良型とされるスキージャンプ方式で艦載機を発着させています。２隻目の国産空母「福建」（満載排水量８万トン以上、搭載航空機50～80機）を建造中で、固定翼早期警戒機などを運用可能な電磁式カタパルトを装備する可能性が指摘され、これをベースに原子力空母の建造計画が進められているとの指摘もあります。

台湾侵攻で最初に投入される強襲揚陸艦は２０１９年９月以降、大型の０７５型揚陸艦が進水し、２０２１年４月以降、１番艦「海南」が南部戦区に、同年12月に２番艦「広西」が東部戦区に、３番艦「安徽」もすでに就役したとされます。さらに、後継艦として０７６型揚陸艦の建造も注目されています。０７５型は満載排水量４万７０００トン、陸戦隊１６００人とヘリコプター30機を搭載することができます。

《航空戦力》

台湾海峡や日本の南西諸島方面で航空優勢をとるために必要な航空戦力の総計は作戦機３１９０機。内訳は近代的戦闘機がＪ‐10（５８８機）、Ｓｕ‐27／Ｊ‐11（３２９機）、Ｓｕ‐30（97機）、Ｓｕ‐35（24機）、Ｊ‐15（60機）、Ｊ‐16（２６２機）、Ｊ‐20（ステルス、１４０機）など。第４、第５世代戦闘機は合計１５００機（日本３２４機）です。

航空戦力は、主に空軍と海軍航空部隊で構成されています。第４世代の近代的戦闘機としては、ロシアからＳｕ‐27、Ｓｕ‐30、最新型の第４世代戦闘機Ｓｕ‐35の導入などが進められています。国産の近代的戦闘機としては、Ｓｕ‐27を模倣したとされるＪ‐11ＢやＳ ｕ－30を模倣したとされるＪ－16と国産のＪ－10戦闘機が量産されています。空母「遼寧」にも搭載されているＪ－15艦載機は、ロシアのＳｕ－33を模倣したとされます。第5世代戦闘機としてはＪ－20の実戦配備を進め、Ｊ－31（Ｊ－35）戦闘機の開発も行われているようです。なお、Ｊ－15艦載機の後継機はＪ－31（Ｊ－35）をベースに開発される可能性があるようです。

　爆撃機は核弾頭型を含む長射程巡航ミサイルの搭載が可能なＨ－６爆撃機の近代化を進め、保有数を増やしています。空中給油により長距離飛行が可能なＨ－６Ｎ爆撃機の運用を開始、Ｈ－20長距離ステルス爆撃機を開発中とも伝えられます。Ｈ－６ＵとＩＬ－78Ｍ空中給油機、ＫＪ－５００とＫＪ－２０００早期警戒管制機などの導入により、近代的な航空戦に必要な能力を向上させる努力も継続していることが認められます。配備が進められているＹ－20大型輸送機、同輸送機をベースにしたＹ－20Ｕ空中給油機も配備が確認されています。

　台湾や南西諸島方面に姿を見せる無人機は、偵察などを目的に高高度で長時間滞空できる機体（ＨＡＬＥ）や、ミサイルなどを搭載可能な機体など、多様な無人航空機（ＵＡＶ）の開発も急ピッチで進められています。２０２２年11月の「中国国際航空宇宙博覧会」では、有人戦闘機を支援する形で運用すると思われるＦＨ－97Ａや、航続距離１万キロ超の偵察／攻撃型無人機ＷＬ－３などが初めて展示されました。

《核兵器》

核兵器については、２０２３年に運用可能な核弾頭が５００発を超え、同じペースで増えた場合、２０３５年までに１５００発の核弾頭を保有する可能性があるとの指摘がアメリカ側から出ています。これはアメリカとロシアの新戦略兵器削減条約（新ＳＴＡＲＴ）が上限とした１５５０発と同じレベルの核保有数ということです。中国は１９５０年代半ば頃から核兵器とミサイルについて開発を続けており、その目的は抑止力の維持、通常戦力の補完、そしてなによりも国際社会における発言力の確保にあるとみられています。

《大陸間弾道ミサイル（ＩＣＢＭ）》

これまでＩＣＢＭの主力は液体燃料型のＤＦ－５（注・ＤＦは東風の頭文字、射程１万２０００～１万３０００キロ）で地下サイロから発射する方式でした。それが固体燃料型で移動式発射装置（ＴＥＬ）から発射するＤＦ－31（同８６５０～１万１２００キロ）に更新されつつあります。10個の核弾頭を搭載する新型のＤＦ‐41（同１万１２００キロ）も開発中で、２０１９年10月の建国70周年の軍事パレードに初めて登場しました。また、中国はＩＣＢＭサイロの建設を進めており、２０２１年には新しいＩＣＢＭサイロの数が少なくとも３００に達したとの指摘がアメリカ側から出ています。

《潜水艦発射弾道ミサイル（ＳＬＢＭ）》

先制核攻撃を受けた場合の第２撃用、報復核戦力としては、巨浪（ＪＬ）‐２（射程７２００キロ）を搭載する晋級（０９４型）弾道ミサイル原潜（ＳＳＢＮ）が運用中とみられ、さらに巨浪（ＪＬ）‐３（同１万２０００キロ）も０９４型ＳＳＢＮに搭載されたとの情報もあります。

《中距離弾道ミサイル（ＩＲＢＭ）・準中距離弾道ミサイル（ＭＲＢＭ）》

固体燃料型で移動式発射装置（ＴＥＬ）から発射するＤＦ‐21（射程１７５０〜３０００キロ）とＤＦ‐26（同４０００キロ）が中心ですね。通常弾頭と核弾頭の両方を搭載できます。

《短距離弾道ミサイル（ＳＲＢＭ）》

主に台湾と日本の南西諸島を睨むＳＲＢＭについては、固体燃料型のＤＦ－16（射程800～1000キロ）、ＤＦ－15（同600キロ）、ＤＦ－11（同280～500キロ）が多数、台湾正面の福建省などに配備されています。

《巡航ミサイル》

長射程巡航ミサイルＣＪ－20（射程1500キロ以上）とＣＪ－10（同）が地上の発射装置のほか、Ｈ－6爆撃機にも搭載されています。さらに2019年10月の建国70周年の軍事パレードでは超音速巡航ミサイルとされるＣＪ－100／ＤＦ－100（同2000～3000キロ）も初めて展示されました。

《空母キラー》

アメリカの空母打撃群を狙う対艦弾道ミサイル（ＡＳＢＭ）では、ＤＦ－21Ｄ（射程1500キロ）が「空母キラー」と呼ばれた最初のミサイルです。それをもとに開発されたＤＦ－26（同４０００キロ）は、アメリカの重要軍事拠点のグアム島に届くことから「グアム・キラー」と呼ばれ、第2世代のＡＳＢＭとして実戦配備されたと伝えられます。

《極超音速兵器》

迎撃が難しいとされる極超音速兵器では、既に実戦配備されているのはＤＦ－17（射程１５００キロ）です。旧式の短距離弾道ミサイルがＤＦ－17に置き換えられる動きも出ています。２０１９年10月の建国70周年軍事パレードでＤＦ－17に搭載可能な極超音速滑空兵器ＤＦ－ＺＦが登場しました。さらに中国は２０１８年8月、「ウェーブ・ライダー」と呼ばれる形（先端がとがっていて下が平ら）の極超音速飛翔体を実験したとされています。

《海警》

尖閣諸島で領海侵犯を繰り返す白い塗装の船は海警局の所属です。海警局は日本の海上保安庁（国土交通省所管）に似た組織ですが、有事には共産党中央軍事委員会または軍の戦区が武警と海警の部隊を指揮する点が決定的に異なっており、軍の一部だと考えたほうがよいでしょう。

世界最大規模の海上法執行機関で北海、東海、南海の3分局で構成されています。２０２２年12月末の満載排水量１０００トン以上の公船は１５７隻。巡視船としては世界最大級の1万トン級も2隻含まれています。１０００トン以上の比較では海上保安庁の71隻を圧倒していますが、中国側は１５７隻で東シナ海と南シナ海の両方をカバーしている訳で、数のうえでは問題は大きくありません。注意しなければいけないのは、海警の新型船は大幅に大型化し、性能も向上している点です。大半がヘリコプター運用の能力などを備えており、長期間の航海が可能になっています。

２０２１年1月、海警の職責や武器使用を含む権限を定めた「中華人民共和国海警法」（海警法）が成立、同年2月から施行されました。しかし、海警法には適用海域や武器使用権限などについて曖昧な点が見られ、規定にも国際法との整合性の観点から問題があると指摘されています。活動が著しく活発化したのは、２０１２年9月に日本政府が尖閣三島（魚釣島、北小島、南小島）の国有化を宣言してからです。２０２３年3月末から4月初めにかけて、過去最長となる80時間以上にわたって尖閣諸島周辺の領海に侵入、接続水域での動きも顕著で２０２１年2月から7月にかけて、尖閣諸島周辺の接続水域を１５７日間にわたり行動し、過去最長となりました。

Q15 中国の国防費は日本の防衛費とは比べものにならないのでしょうね。

A 中国が公表した２０２３年度の国防予算は１兆５５３７億元。１元＝20円で換算すると日本円で31兆７４０億円になります。日本の２０２３年度の防衛予算６兆６００１億円の５倍もの巨額です。１９８９年度から２０１５年度まで毎年２ケタで伸び続け、１９９３年度からの30年間で37倍、２０１３年度からの10年間で２・２倍となっています。

国防費の内訳は秘密のベールに包まれています。過去の国防白書において２００７年度と２００９年度に人員生活費、訓練維持費、装備費、現役部隊、予備役部隊と民兵別が明らかになっていますが、２０１０〜２０１７年度は人員生活費、訓練維持費、装備費だけとなっています。

公表している国防費は一部に過ぎない

中国が国防費として公表しているのは、実際に軍事目的に支出している額の一部にすぎないとみられています。例えば、外国からの装備購入費や研究開発費などは公表国防費に含まれていないとみられ、アメリカ国防総省の分析では２０２１年の中国の実際の軍事支出は公表国防予算よりも著しく多いとされています。

中国の軍事支出の特徴を挙げるなら、経済とストレートにリンクしている点でしょうか。中国は、国防建設を経済建設と並ぶ重要課題と位置づけており、経済の発展に合わせて国防力の向上のための資源投入をしてきましたが、公表国防予算の増加率が経済成長率（国内総生産〔ＧＤＰ〕増加率）を上回る年も少なくありませんでした。だから、中国経済の成長が鈍化するほどに、国防費にどんな影響が出るのか目を離せないのです。

Q16 強化される中国の軍事力で注目すべきポイントはどこですか？

A 心理戦や認知領域戦の強化が際立っています。防衛研究所の『中国安全保障レポート２０２３』は、「現代の紛争は、高度に統合化された軍隊同士の戦いだけでなく、情報、法執行機関、経済など非軍事的な手段を含めてさまざまなツールを用いて行われ、戦時と平時の境目が曖昧となっている」として、①中国の軍事組織再編と非軍事的手段の強化、②活発化する中国の影響力工作、③海上で展開される中国のグレーゾーン事態、という内容で優れた分析を示しています。そして台湾については、「心理・認知領域における闘争が最も顕著に表れているのが、台湾に対する影響力工作である。サイバー空間や人脈を通じたフェイクニュース拡散、軍関係者を含む台湾人への働きかけなど、党・人民解放軍による影響力工作が幅広く行われており、台湾にとって大きな脅威となっている」と懸念を隠していません。アメリカ国防総省の２０２３年版報告書も、人民解放軍の研究者の「認知領域で優位に立ち、戦わずに敵を制圧することが戦争の最高の策である」との言葉を引用しています。古代中国の戦略の書『孫子』の思想そのものですね。

Ａ２／ＡＤを目標に総力戦

さらに中国は、敵の通信ネットワークの混乱などを可能とするサイバー領域や、敵のレーダーなどを無効化して戦力発揮を妨げることなどを可能とする電磁波領域における能力を急速に発展させているとされます。また、敵の宇宙利用を制限することなどを可能とする能力の強化も継続するなど、新たな領域における優勢の確保を重視してきている印象があります。令和5年版防衛白書は『Ａ２／ＡＤ』能力の強化や、より遠方での作戦遂行能力の構築につながるものである。（中略）軍隊資源と民間資源の双方向での結合を目指す軍民融合発展戦略を全面的に推進しつつ、軍事利用が可能な先端技術の開発・獲得にも積極的に取り組んでいる」と警戒の目を向けています。

まずＡ２／ＡＤから説明すると、Ａ２は2つのＡ、アンチ（Ａ）・アクセス（Ａ）で接近阻止、次のＡＤはエリア（Ａ）・ディナイアル（Ｄ）の領域拒否の頭文字を組み合わせたものです。アメリカが示した概念で、日本列島から台湾、フィリピンを経た南シナ海に至る第1列島線の内側に米軍が入ることを阻止し、伊豆諸島、グアムからパプアニューギニアに至る第2列島線の内側では米軍が自由に活動できないようにするという意味です。それを目標に中国が海軍、空軍、ロケット軍の能力を高めているとして、その増強の度合いを判断する指標としても使われます。

軍民融合で軍事力を強化

次に軍民融合についてです。緊急事態に対する国防動員体制の整備だけでなく、平時における民間資源の軍事利用や軍事技術の民間転用などを指し、ここ数年、中国が国家戦略として推進しているものです。さきほどの宇宙、サイバー、人工知能（ＡＩ）といった中国にとっての「新興領域」は、特に軍民融合の重点分野とされています。

となると、軍民融合の成果が出る新興領域も気になりますね。中国が提唱する「智能化戦争」について、令和５年版防衛白書は「『ＩｏＴ（モノのインターネット）情報システムに基づき、智能化された武器・装備とそれに応じた作戦方法を用いて、陸、海、空、宇宙、電磁、サイバー及び認知領域において展開する一体化した戦争』といわれており、『認知領域』も将来の戦闘様相において重要なものと認識されているとみられる」と注目しています。

それは宇宙の領域にも及び、中国の宇宙戦略は驚異的なスピードで目標を達成しています。軍事利用が可能な人工衛星はアメリカに次ぐ２９０基に増えました。中国版ＧＰＳ「北斗」にしても、２０１８年末に全世界での運用が開始され、２０２０年６月に構成する全衛星の打ち上げを完了したと言われています。弾道ミサイルなどの誘導に活用されることは間違いないところです。

サイバー民兵も

最後にサイバー能力についての懸念を述べておきましょう。中国の主要な軍事訓練には、指揮システムの攻撃・防御両面を含むサイバー作戦などの要素が必ず含まれていると言われます。敵のネットワークに対するサイバー攻撃は「Ａ２／ＡＤ」の能力を強化するものと考えられており、サイバー領域における能力に秀でた「サイバー民兵」も存在するとされています。

Q17　中国の軍事力整備は、何を目指しているのでしょう。

A　最終目標は「世界一流の軍隊」を持つこと。令和5年版防衛白書などによれば、国防と軍隊の建設の今後の目標について、中国は、第19回共産党大会（２０１７年10月）の習総書記の報告や２０１９年に公表された国防白書において、①２０２０年までに機械化を基本的に実現し、情報化を大きく進展させ、戦略能力を大きく向上させる、②２０３５年までに国防と軍隊の現代化を基本的に実現する、③21世紀中葉までに人民解放軍を世界一流の軍隊に全面的に築き上げるよう努める、としています。2021年の六中全会（中央委員会第6回全体会議）における「歴史決議」では、2027年までの建軍100年の奮闘目標の実現を第一段階とし、2035年から21世紀中葉までの目標の達成を第二・第三段階とする新「三段階発展戦略」の策定が明記されています。

遠大な目標ですが、実を言えば中国は、人民解放軍と世界の先進的な軍の水準との間には未だ大きな格差があるとの認識を示しています。そして「世界一流の軍隊」になることを目指している。それが何を意味するか定かではありませんが、アメリカ軍と同等か、それを上回る軍事力を備えようとしている可能性があります。

第3章　人民解放軍の実力を解剖する

Q18

中国人民解放軍のデータは、どこまで信用できるのでしょうか？

A 問題はそこなのです。だから第2章を「日米の報告書が描く人民解放軍」としたのですよ。防衛白書が間違っているという訳ではありませんが、各国の政府やマスコミが基礎データとして使うことの多いアメリカ国防総省の報告書にも、故意に中国側の数字を多くしたものがあることは知っておいたほうがよいと思います。

艦船の数を例に挙げましょう。アメリカ国防総省の２０２３年版報告書は、中国海軍は２０２０年前後に艦船数でアメリカ海軍を上回り、２０２２年には１４０隻以上の主要な水上戦闘艦を含む３７０隻以上の艦船と潜水艦を擁する世界最大の海軍となった、と表現しています。報告書によれば、２０２５年までに３９５隻、２０３０年までに４３５隻に増える見込みです。一方、アメリカ海軍はというと、３００隻未満で足踏みしています。２０２２年度海軍運営計画によると、国防総省は２０４５年までに有人艦を３５０隻にまで増やす目標を掲げていますが、それでも中国にははるかに及ばないことになります。

中国海軍がアメリカ海軍を上回ったというトリック

しかし、冷静に見ていくと違う分析も可能になります。中国海軍がアメリカ海軍を上回ったとされる2020年のアメリカ国防総省の報告書を取り上げてみましょう。報告書は中国海軍について「中国人民解放軍海軍は世界最大の海軍であり、約350隻のバトルフォースは主要水上戦闘艦、潜水艦、外洋航行可能な揚陸艦艇、機雷戦艦艇、補助艦艇を含む」と述べています。

私の同僚の西恭之静岡県立大学特任准教授によれば、この報告書には次のようなトリックが隠されています。

アメリカ海軍が使っているバトルフォースという用語には、戦闘艦艇のほか戦闘を支援する艦艇が含まれています。その定義で言うと、アメリカ海軍のバトルフォースは報告書の時点で290隻。バトルフォースを355隻にする目標こそ法制化されましたが、予算や乗員の面で実現のめどが立っていない状態でした。ちなみに、海上自衛隊のバトルフォースは同じ時点で138隻。内訳は、護衛艦、潜水艦、機雷戦艦艇、哨戒艦艇、輸送艦艇、補助艦艇です。

一方、アメリカ国防総省は、中国海軍の「約350隻のバトルフォース」に、86隻のミサイル哨戒艇と49隻の０５６／０５６Ａ型コルベット（護衛艦）を計上しています。しかし、ミサイル哨戒艇のうちの60隻は、２００４年から建造された０２２型ですが、その満載排水量は２２０トンしかなく、アメリカ海軍が自分たちのバトルフォースに数えていないサイクロン級哨戒艇（３３６トン）より小さいのです。満載排水量１４４０トンの０５６／０５６Ａ型コルベットのほうも、アメリカ海軍の沿海域戦闘艦（ＬＣＳ、満載排水量３１０４～３２９２トン）より小型なのに計上されています。

中国のミサイル艇は外洋では使えない

どちらも同じような小型の軍艦に見えますが、０２２型ミサイル哨戒艇は双胴船のため外洋航行能力が低く、航続距離も短いのです。そのため０２２型が能力を発揮できる海域は、整備・補給を行える基地の近くに限られ、使い方としては主に沿岸での一撃離脱になるでしょう。例えば中国が先に確保した陸地の沿岸で、島陰から急に現れ、沿岸に迫る敵の艦船にＹＪ-83ミサイル（射程１２０～１８０キロ）を発射して逃げるというパターンです。

０５６／０５６Ａ型コルベットのほうも、乗員60人ということから中国沿岸の哨戒を主な任務とせざるを得ないと思われます。ほぼ同数の乗員で運用しているアメリカの沿海域戦闘艦（LCS）が、航海中の見張員や入港中の警備員の確保に悩んでいることからしても、それは想像に難くないでしょう。

アメリカが言うバトルフォースの艦船は太平洋などの大海原でも使えるのが前提ですが、その点をアメリカの報告書は誤魔化している訳です。中国海軍のコルベットやミサイル哨戒艇は、アメリカの定義でいうバトルフォースの一部としてよりも、中国海警局や海上民兵が、武力攻撃に当たらない範囲の実力行使（グレーゾーン作戦）によって確保し基地化した、島や人工島の警備に投入される可能性のほうが高いのは明らかなのです。

Q19 どうしてアメリカ海軍はデータに小細工をするのですか。

A 中国海軍の膨張ぶりをアピールして、予算を増やしたいことに尽きるという印象です。実は、当のアメリカ海軍大学の研究機関も、中国海軍の膨張は頭打ちになるという分析結果を公表しているのです。

アメリカ海軍大学中国海事研究所は２０２０年11月4日、『中国人民解放軍海軍の戦力構成の予測に関する概念』という分析結果を公表しました。西特任准教授によると、中国海軍の拡大は、艦艇を維持するための費用、人的資源、時間について制約を受けるので、習近平指導部が海軍に投下する資源を増やさなければ、遠からず減速するというもので、国防総省の報告書とは真っ向から対立する見解です。筆者は潜水艦乗員、技術情報将校、国防情報局（ＤＩＡ）分析官の経歴を持つクリストファー・カールソン元海軍大佐です。

右肩上がりが前提の「よくある予測」

中国の海軍力に関する「よくある予測」は、近年の艦艇建造のペースと造船所の容量を将来に延長したもので、いわば右肩上がりが前提です。そうした予測は、中国企業の債務残高の増大や、中国の産業政策に対するアメリカや欧州の抵抗のため、経済成長が減速するリスク、艦艇のライフサイクルコストを考慮していない点に問題があります。

そこでカールソン氏は、作業に関わる人件費が艦艇調達費の30～50％を占めることに目をつけました。そして、中国の水上戦闘艦艇を建造するための工数（人数と時間の積の人時が単位）を、機関や居住設備や武器など船体以外の物の重量を船体と上部構造物の体積で割った艤装密度と、そこに加えたアメリカの艦艇のデータから推定したわけです。艦艇の寿命を30年とし、15年目に分解修理（オーバーホール）と近代化改修を行うと仮定して、その工数も艤装密度から推定しました。カールソン氏はこの方法で、中国海軍が２００８年から２０１８年までの11年間に、艦艇の建造と分解修理に合計２億１０７０万人時を費やしたと推定しました。これは１９９７年から２００７年までの11年間の５倍で、工数が増えた主な理由は、０５２Ｄ型（昆明級）駆逐艦と０５６／０５６Ａ型コルベット（護衛艦）が２０１１年から大量建造され、２０１３年には空母「山東」の建造に着工したからです。

財政問題から中国海軍の増強は減速？

カールソン氏が11年間の工数を集計したのは、２０１９年2月に外交誌『ディプロマット』に載ったリック・ジョー氏の論文『２０３０年の中国海軍を予測する』が、２０１９年から２０２９年までの11年間を対象としており、比較しやすかったからです。ジョー氏は２０３０年初めの中国海軍の水上戦力を、「遼寧」と「山東」のスキージャンプ型空母２隻、「福建」など００３型カタパルト型空母２隻、０５５／０５５Ａ型巡洋艦16～20隻、

０５２Ｄ／Ｅ型駆逐艦36～40隻、０５４Ａ／Ｂ型フリゲート40～50隻と予測しています。その根拠は、近年の艦艇建造のペースと造船所の対応能力です。ジョー氏は潜水艦や強襲揚陸艦についても野心的な予測を示し、２０２０年代には原子力空母も建造が進むとしています。

両者の主張は全く異なりますが、カールソン氏は、ジョー氏が予測するような艦艇建造と既存の艦艇の分解修理と近代化改修を行うと、２０１９～29年に合計４億７２９万人時の工数が必要となり、２００８～18年より93％増えることになると指摘しました。作業者の人件費だけでなく、造船所や部品工場の設備もほぼ2倍に増えるからです。

問題は、その設備投資を成長率の下がった中国経済の中で捻出しなければならないことです。そう眺めると、「現在と近い将来の中国財政の課題から考えると、ジョー氏が予測するような強大な戦力構築は実現性が疑わしい」という結論に至るとしています。中国海軍の膨張が減速する可能性は大きいですね。

空軍力でもデータの小細工

つけ加えると、アメリカによるデータの小細工は、中国の空軍力にも見られます。西特任准教授は次のように指摘しています。

「デービッドソン海軍大将は２０２１年3月、上院軍事委員会で『人民解放軍は２０２５年までに第5世代戦闘機１５０機と第4世代以前の戦闘機１８００機以上を配備するが、インド太平洋地域にアメリカ空軍が配備できるのは、F-22とF-35の第5世代機１００機、F-15とF-16の第4世代機１５０機』と証言しました。それは人民解放軍のすべての航空戦力を示す一方、アメリカ空軍については平時にインド太平洋地域に配備されている機数だけを挙げ、海軍機と海兵隊機を除外しているばかりか、有事にアメリカ本土から来援する空軍機を含めていません。特にアメリカの第5世代戦闘機は２０２５年には６５２機となりますが、中国側は年に10機ほどしか生産してこなかった第5世代戦闘機J-20を一気に１２５機ほど製造しなければならなくなり、とてもアメリカに対抗できないのです」

デービッドソン氏はこの上院軍事委員会で、台湾に対する中国の脅威は6年以内に現実となるとの趣旨で証言し、特に日本の台湾有事論に火をつけた人物です。中国の脅威に警鐘を鳴らしているのでしょうが、データだけは偽りないものにしてほしいものです。

Q20 中国経済が減速傾向にあるにもかかわらず、それでも中国海軍への脅威論が後を絶たないのは、なにか理由があるのでしょうか。

A

戦争の帰趨が数の優位性で決まるからです。最近では、アメリカ海軍大学のサム・タングレディ教授（元海軍大佐）がアメリカ海軍協会の機関誌『プロシーディングス』2023年1月号に紀元前500年のギリシャ・ペルシャ戦争から冷戦中の代理戦争や内政干渉に至るまで、28件の海上戦を調査した結果を寄稿、実際に優れた技術力が数の優位性に勝った例はわずか3件だったと警鐘を鳴らしています。タングレディ教授は、「それ以外の戦いではいずれも、勝利をもたらしたのは数の優位性だった。軍事力が同等の場合は、優れた戦略または指揮官の力量だった」（2023年1月21日付CNN）として、米中戦争では数に勝る中国がアメリカを打ち負かすだろうと危機感をつのらせています。この問題は、さきほどのカールソン氏の分析が的中して中国が減速しないかぎり、常に頭をもたげてくると思います。

Q21 国防費についても疑う必要がありますね。ここにもトリックがあると？

A この点はトリックではありません。勝手に騙され、思い込んでいる私たちに問題があるのです。仮に中国の国防費が公表値の2倍の60兆円だとすると、それほどの額なら巨大な軍事力を支えられると思ってしまいますね。

しかし、その国防費は陸・海・空軍、ロケット軍、武警の「5軍」で分配しなければなりません。民兵など、それ以外の支出もあります。装備品で多額の支出が必要な海軍、空軍、ロケット軍、人件費が巨額な陸軍に分配すると、一定の装備品を更新しながら組織を維持するのがやっとだとわかると思います。空母の打撃群を必要な数だけ保有したり、台湾侵攻に必要な戦力の増強や海上輸送力を重点的に整備しようとすれば、同じ海軍内でも予算が行き渡らない分野が、それも数多く残ります。海軍に必要な予算を分配すれば、陸軍、空軍、ロケット軍、武警にしわ寄せがいくことは避けられません。それでは人民解放軍は機能せず、国家の防衛にも支障が出ることは明らかでしょう。

意外に見過ごされているのですが、人民解放軍の最大の弱点は国防費の配分にあるのかも知れません。

Q22 中国はアメリカにあおられて軍拡路線を突っ走っているのでしょうか。

A 旧ソ連がアメリカのレーガン大統領に「悪の帝国」と罵《ののし》られ、海軍力の増強をはじめとする軍拡路線に突き進んだ結果、財政面から破綻していったのは歴史的な教訓として人民解放軍にも語り継がれているはずでした。私が知るかぎり、少なくとも青年期に旧ソ連の敗北を目の当たりにした中国の高級将校たちは、その点を心に刻んでいるようでした。アメリカの挑発には乗らないと口にする将官たちも数多くいた訳です。

しかし、中国が経済大国としてアメリカと肩を並べていると思い始めた頃から、人民解放軍の中にもアメリカに対抗できると考える強硬論者が増え、国防費を食い散らして組織と装備を肥大化させる傾向が生まれたように思います。

Q23　日米の報告書からはわからない人民解放軍の実像を明らかにしてください。世界の注目が集まる航空母艦は、特に気になるところです。

A

中国海軍は「遼寧」、「山東」の2隻の空母を運用中で、さらに「福建」を建造しています。このうち「福建」はアメリカの空母に肉迫する巨体と電磁式カタパルトの採用など、世界の注目を浴びています。

「福建」が原子力空母になるのではないかとのウワサがありますが、それは「福建」に煙突があることから否定されており、２０２３年９月中旬の段階で間違いなく原子力空母ではないと判明しました。２０２２年６月17日に進水した「福建」は性能試験を重ねていましたが、上海の江南造船所に係留されていた「福建」の煙突から煙が立ち上ったからです。出航準備に取りかかったものとみられています。なぜ原子力空母になるとのウワサが出たのか。中国がＡ２／ＡＤ（接近阻止・領域拒否）の目的を達成するには何年間も燃料補給の必要がない原子力艦が望ましいことが挙げられます。

しかし、それよりも注目されたのは飛行甲板から戦闘機などを打ち出す電磁式カタパルトという装置の問題です。カタパルトは技術的な理由からアメリカのほかはフランスが採用したくらいで、それも蒸気式です。中国の「遼寧」と「山東」にはカタパルトはなく、艦首の部分を反り上がらせたスキージャンプ台の方式です。スキージャンプ方式はカタパルト方式より長い滑走距離が必要なため航空機の運用効率が悪くなり、最大離陸重量も制約されます。戦闘機１機の離陸重量が12トンを超える場合、「遼寧」と「山東」からは離陸できないと見られてきました。その見方を覆すようにＪ-15戦闘機を「山東」から発着艦させていますが、Ｊ-15の機体そのものの重さは17・５トンですからミサイル、爆弾、燃料の搭載量は限られ、アメリカ側はそれを元に中国機の戦闘行動半径などを割り出すことができます。

電磁式カタパルトの長所と課題

リニアモーターを使った電磁式カタパルト４基を最初に採用したのはアメリカのジェラルド・フォード級原子力空母（満載排水量10万１６００トン）です。この装置はエネルギー効率に優れ、機体特性にあわせて加速度を調整できることから機体への荷重を軽減でき、小型軽量の無人航空機（ＵＡＶ）の射出にも対応し、蒸気カタパルト用の蒸気配管を艦内に張り巡らせる必要がなくなるなど小型軽量化および整備性の向上も実現されています。

その結果、航空関係をのぞく空母本体の乗員はニミッツ級の3532人に比べて2600人強となり、50年間の運用費は約40億ドル（4400億円）節約できると見込まれています。

しかし、その一方でシステムの信頼性が確かではないなどの指摘もあり、新しい空母では蒸気式を復活させようとの意見も根強く残っています。電磁式カタパルトの泣きどころは莫大な電力を消費することです。アメリカはすべての空母が原子力ですから心配ないのですが、「福建」の場合、その問題をどうするかが注目されてきた訳です。

「福建」が本当に電磁式カタパルトを装備したのかどうかは、実際に発着艦のテストが行われたら明らかになると思います。アメリカの空母はF-35Cステルス戦闘機、F/A-18E/F多用途戦闘機、EA-18G電子戦機、E-2D早期警戒機を搭載しています。中国も「福建」に最新鋭ステルス戦闘機J-35、多用途戦闘機J-15の改良型J-15B、J-15の電子戦型機J-15D、空母艦載用の早期警戒機KJ-600を搭載してアメリカに対抗することを目指しており、その運用のためにも電磁式カタパルトが必要だったと考えられます。3基のカタパルトを備えた「福建」は一度に多くの戦闘機を最大離陸重量で発進させられるはずですが、それを保障するのが電力なので、世界が注目している訳です。

中国が空母を運用するハードル

しかし、中国が空母部隊を運用するにはいくつか課題があります。大きく分けて、①必要な数の空母打撃群を編成するためのコスト、②艦載機の運用のノウハウの獲得、③ＡＳＷ（対潜水艦戦）能力、の3点でしょうか。

まずはコストから説明します。Ａ２／ＡＤの目的を遂げるために第1列島線の内側を守り、アメリカ軍と対抗しようとすると、中国は4つくらいの空母打撃群を動かしておかなければならないでしょう。1つの空母打撃群をオンステーション（臨戦態勢）させるには、そのほかに点検整備に入っている1個群と教育訓練に従事する1個群が必要とされます。このうち教育訓練はＯＪＴ（現場での実践教育）の形で行うとしても、点検整備は省略できないことが少なくありません。そうなると4個群を展開しておくには2倍の8個群が必要となるのです。

1つの空母打撃群の編成ですが、中国海軍といえども5隻ほどの駆逐艦や、フリゲートなどの水上艦と1～2隻の潜水艦を随伴させる必要があります。アメリカの空母の場合、最低でも3隻の護衛艦を随伴することになっていますが、横須賀を母港とするロナルド・レーガンのように12隻のイージス艦（巡洋艦3隻と駆逐艦9隻）によって打撃力とミサイル防衛能力を強化しているケースもあります。

艦載機も必要です。ロナルド・レーガンは戦闘機F／A−18、早期警戒機E−2D、電子攻撃機EA−18G、艦上輸送機C−2、ヘリコプターなど合計約90機を搭載し、航空関係を含む乗組員も約5000人と「浮かぶ要塞」のようです。「福建」が搭載する戦闘機は45機から50機、それ以外の航空機を入れて60機ほどでしょうか。

これだけ必要な空母打撃群のコスト

以上を踏まえて空母にかかるコストを計算すると、とてつもない金額になります。アメリカの最新鋭空母ジェラルド・フォードの場合、総工費が約2兆円とされています。そこに艦載機と護衛艦の建造費が加わります。1隻の原子力空母が退役までの50年間に必要とする費用は総額で4兆円以上に上ります。中国の場合、建造する企業の在り方も違うので比較は難しいのですが、原子力ではない「福建」に60機の艦載機を載せ、5隻の護衛艦と1隻の潜水艦を随伴させるとして、やはりアメリカの半額、どう見ても1兆円ほどは建造し編成するだけで必要になると思われます。これが8個群も必要となると大変です。巨大な陸軍、空軍、ロケット軍、武装警察にも人件費や装備費、施設費がかかります。

いくら公表された国防費31兆円と同じくらいの「裏金」を投入しているといっても、一朝一夕に空母打撃群を必要なだけ保有することはできません。台湾侵攻能力についても同じことが言えます。年次計画に基づいて軍事力を整備していかなければならないのは中国も同じなのです。

中国は空母艦載機を飛ばせるか

次に、艦載機の運用ノウハウの獲得です。実を言えば、艦載機を飛ばすことがどれほど困難なことか、アメリカなみに運用するレベルへの道のりが遠いことを中国側は自覚しています。だからこそ、かえって侮りがたいと言えるでしょう。

２０１２年９月25日、中国初の空母の就役式典が大連で行われ、「遼寧」という艦名も正式に発表されました。このとき、世界の軍事専門家の注目を集めたのは、中国中央電視台の英語チャンネル「ＣＣＴＶニュース」で放送された初代艦長・張峥上級大佐のインタビューでした。インタビューの中で、張艦長は空母「遼寧」が戦力化（実戦配備）にほど遠い段階にあることを、流暢な英語で包み隠さず明らかにしました。

張艦長は、①空母の場合、海軍航空戦力と水上戦闘艦を一体的に運用できる専門家を育成する必要がある。②空母の飛行甲板は陸上の飛行場より狭く、短いので、安全な発着のための新しい手順を身につける必要がある。③中国海軍は空母を運用した経験がないので、艦内の部署と乗員を管理する体制と原則について、従来のものを改良しなければならない、の3点を挙げました。いずれも空母運用に関するソフトウェア面の課題で、中国が空母運用の実績を持つアメリカなどに追いつくことが、最も困難とされている部分です。これは、長い年月をかけてでも着実に空母を戦力化していこうという、空母保有に対する中国の強い意思を物語っていると受け止められました。

血の海の中でノウハウを得たアメリカ海軍

中国側に自覚を促す原因となったのは、おそらくはアメリカ海軍の失敗事例ではないかと思います。アメリカ海軍は第2次大戦終結直後の1946年、ミッドウェー級空母フランクリン・D・ルーズベルトの艦上でFH1ファントム・ジェット戦闘機の発着に成功し、翌年から配備することになりました。

しかし、アメリカ海軍機と海兵隊機（陸上機を含む）の事故率が空軍のレベルまで下がったのは、それから42年後の1988年のことだったのです。アメリカ海軍が21隻の攻撃型空母を配備していた１９５４年には、海軍と海兵隊は７７６機の航空機と５３５人の乗員を失っています。アメリカ海軍大学レビュー２０１０年春季号に掲載されたロバート・ルーブル『アメリカ海軍のジェット機への移行』が、「記憶にとどめるべき年」として特記しているほどです。特に、アメリカ海軍が１９５７年から１９７６年まで運用したＦ－８Ｕクルセーダー戦闘機は、当時の陸上機と同等の性能を誇る一方、１２６１機のうち１１０６機が事故（ベトナム戦争中の事故・撃墜により失われた１７０機を含む）にあっており、その多くが空母発着に関係するものと言われています。このアメリカ海軍の血まみれとも言える失敗例から、中国側は学んだのだと思われます。

台湾や日本の周辺での中国空母の動きも、そうした視点から眺める必要があります。

例えば２０２２年12月、東シナ海から太平洋に入った空母「遼寧」の部隊は駆逐艦２隻とフリゲート１隻、高速戦闘支援艦１隻の編成でしたが、12月17日から31日にかけて北大東島や沖ノ鳥島沖などで連日のように戦闘機やヘリコプターの発着艦を繰り返し、その回数は実に３２０回に及んでいます。２０２３年９月11日には中国初の国産空母「山東」の艦隊が台湾本島の南側から太平洋に入り、台湾周辺の空域で陸上基地から飛来したＪ－16戦闘機などと共同で作戦行動し、のべ11機が中国と台湾の間の中間線を越えて台湾側に侵入したりしています。11月にかけての発着艦は５７０回にのぼりました。いかにシミュレーターが発達し、１９５４年当時のアメリカ軍とは違うと言っても、そこには危険度の高い夜間訓練も含まれており、まなじりを決して必死の形相で発着艦しているパイロットの表情が目に浮かびます。

ＡＳＷなしに空母は守れない

最後に、対潜水艦戦（ＡＳＷ）の能力です。アメリカ海軍と海上自衛隊は世界トップのＡＳＷ能力を備え、潜水艦部隊もずば抜けた水準にあります。これに対抗できなければ、中国は第１列島線内に入ってくるアメリカ海軍を阻止するどころか、空母の部隊を守ることもできないのです。

ＡＳＷは、哨戒機が空から、駆逐艦など水上艦艇が海上から、そして潜水艦が海中からと、三次元で組み立てられているものです。これに宇宙から潜水艦の出入港を監視する人工衛星の目やヒューミント（ＨＵＭＩＮＴ＝Human Intelligence）、つまりスパイなどによる情報が加わります。港を出る中国の潜水艦は必ず港の沖合にひそんでいるアメリカの攻撃型原潜に探知され、その原潜が追跡を始めます。中国の潜水艦が固有に持つ「音紋」はほとんど日米に把握されており、符号で呼んでいるほどです。中国の潜水艦が本土を離れるほどに上空からアメリカの哨戒機と駆逐艦などの水上艦艇も追跡に加わるでしょう。これが日本の近海なら、海上自衛隊の潜水艦、護衛艦、哨戒機がＡＳＷの態勢に入ります。重要だとみなされた弾道ミサイル潜水艦などの場合は、夜間や悪天候時にも合成開口レーダーを搭載したアメリカ側の偵察衛星が目を光らせます。

中国のＡＳＷ能力は日米にほど遠い

中国のＡＳＷ能力を個別に見ていきましょう。アメリカ国防総省の２０２３年版報告書は、中国海軍は約３７０隻の艦船および潜水艦を含む、数的には世界最大の海軍、と書いています。そのうちＡＳＷに関係するのは、駆逐艦50隻、フリゲート53隻、攻撃型原潜６隻、通常型潜水艦48隻です。駆逐艦とフリゲートは艦首のソナーや曳航式ソナーを備えています。つまり50％近くがＡＳＷ能力を備えているのです。ここに50機ほどの固定翼哨戒機が加わります。

中国海軍とがっぷり四つで対抗しているのは海上自衛隊で、護衛艦50隻、潜水艦22隻のすべてがＡＳＷ部隊だと言って構わないでしょう。哨戒機はＰ－１など固定翼74機、ＳＨ－

60ヘリコプター69機です。アメリカのほうはすべてが中国を向いている訳ではありませんが、ＡＳＷに投入できるのは駆逐艦75隻、沿海域戦闘艦11隻、フリゲート４隻、攻撃型原潜72隻、哨戒機181機です。

中国の場合はアメリカと日本の潜水艦の出入港を恒常的に把握できるほどの人工衛星の能力を備えていません。50機ほどある哨戒機も、航続距離こそ5000キロ以上あるようですが、台湾や日本の周辺を飛び回っている訳ではありません。南西諸島などに姿を見せる無人機も、まだＡＳＷの一角をになうには到っていません。極端に言うと、中国はどの海域に日米の潜水艦がいるのか摑んでいないのです。

潜水艦は増えているが

中国の弾道ミサイル原潜は晋級（094型）６隻、攻撃型原潜は商級（093型）６隻、通常型潜水艦は元級（039Ａ型）12隻、宋級（039型）14隻、明級（035型）18隻、キロ級４隻の合計60隻という陣容ですが、アメリカ国防総省の2023年版報告書は2025年までに65隻、2035年までに80隻に増加すると予想しています。しかし、アメリカや日本の潜水艦に比べて稼働率が高いとは言えません。日米の関係筋によれば、外洋で行動しているのは一部に限られるようです。

さらに静粛性の問題がつきまとっています。ある程度の静粛性を実現しているのは商級とロシアから導入したキロ級ですが、稼働率が低くて活動している数が少ないことから、ほとんどが捕捉されていると言われます。弾道ミサイル原潜の一部は水深の深い南シナ海のフィリピン寄りに配備されているようですが、日米のＡＳＷ部隊に遊弋《ゆうよく》海域を特定されているといいます。攻撃型原潜にも稼働率、静粛性と同時に技術的な課題があるようで、２０２３年8月に山東省付近の黄海で青島を母港とする商級（０９３型）攻撃型原潜４１７号が敵の潜水艦の侵入を防ぐための防潜設備（防潜網）に衝突し、空気循環装置が故障して酸素供給が途絶えた結果、艦長ら50人以上が死亡したと伝えられています。操艦技量の問題もあったのでしょう。

領海侵犯事件で見えた中国潜水艦の実力

中国の潜水艦といえば、日本の領海を侵犯したことがありました。有名なのは２００４年11月の沖縄県・石垣水道のケースです。中国の漢級（０９１型）攻撃型原潜が深さ１００メートル以下の石垣水道をすり抜け、海上自衛隊の護衛艦とＰ３Ｃ哨戒機が追尾しました。この中国原潜は青島出港時からアメリカ側に探知されており、グアム島を偵察して戻ってきたのを日本近海で海上自衛隊にバトンタッチされたものですが、海上警備行動が発令され、海上自衛隊のＰ３Ｃはソノブイという一種の水中マイクロホンを4億円分投下、攻撃用のアクティブモードで模擬攻撃を繰り返しました。部隊を指揮した海将は「数え切れないほど撃沈した」と言っていました。事件に対して中国側は航行用の機器の故障で領海侵犯することになったと公式に遺憾の意を表しました。

この事件は、日本側に大きな教訓を残しました。潜水艦は少し舵を切り損ねただけで海底に接触したり、逆に浮上してしまうこともあるので、自分の船の長さより浅い海域では潜航しないものなのです。そのリスクを冒して中国原潜の艦長は狭くて浅い石垣水道をすり抜けました。これは、冒険好きで無謀な艦長の個性の問題はともかく、艦長ら潜水艦乗員の技量が高く、しかも中国側が日本周辺の海底地形などを熟知していることを物語っています。中国が海洋調査船などで日本の周辺海域を調べ、それに対して日本側が神経を尖らせるのは、潜水艦のオペレーションをめぐる情報戦でもあるのです。

２０１８年1月にも、尖閣諸島の日本の接続水域を潜没航行した商級原潜が東シナ海に出たあと浮上し、中国の国旗を掲揚して航行したケースがありました。射程５４０キロの巡航ミサイルを搭載していることから、日米に対する示威行動だとみられる一方、なんらかのトラブルで浮上を余儀なくされ、それを覆い隠すために国旗を掲揚して示威行動のふりをしたという観測もあります。

海中に「万里の長城」を築く

このように中国のＡＳＷは課題を抱えています。中国側の50隻の駆逐艦と53隻のフリゲートは、潜水艦を探知するためのソナーを備えていますし、新型艦は曳航式ソナーも使うことができます。しかし、海中を伝わる音は水温、海底地形、魚群、プランクトンの層などで変化し、聞き取ることは難しいし、中国のソナー技術もまだ高いとは言えません。静粛性が高い日米の潜水艦を発見するのは至難の業です。特に日本の通常型潜水艦が海峡などでアンブッシュ（待ち伏せ）していれば、お手上げだと思います。中国の空母も、空母を守る駆逐艦、フリゲート、そして潜水艦も、常に日米の潜水艦に監視され、追尾されているのです。もちろん、中国側には同じようにしてアメリカの空母打撃群を追尾する能力はありません。

ただ、中国側も色々と手は打ってきています。代表的なものとしては、「海中の万里の長城」の動きがあります。南シナ海と東シナ海の海底にハイドロホン（水中固定聴音機）を設置し、そのラインを潜航するアメリカと日本の潜水艦の音紋などを採取し、同時にハイドロホンの探知能力によって第1列島線に入ってくるのを阻止しようというものです。アメリカと日本は宗谷、津軽、対馬、宮古の4海峡にＳＯＳＵＳという水中固定聴音機網を展開していますが、中国もそれに倣おうという動きですね。こういう角度からも自分たちのＡＳＷ能力の弱点をカバーしようとしている訳で、どこまでも侮りがたい中国です。

台湾が国産化する潜水艦の威力

対する台湾は潜水艦の国産化に踏み切りました。これまで台湾の潜水艦は通常型潜水艦4隻で、戦前型のアメリカ製改修型テンチ級2隻と1980年代に導入したオランダ製2隻だけでした。このたび国産化したのはアメリカのロッキード・マーチンなどの技術協力を受けた海鯤（ハイクェン、鯤は『荘子』に出てくる伝説の巨大魚）級潜水艦（水中排水量2700トン）で、8隻の建造が計画されています。静粛性に優れた通常動力型でリチウムイオン電池によって長期間の潜航も可能。海峡などでアンブッシュ（待ち伏せ）に使えば人民解放軍にとって大きな脅威になるでしょう。旧式でも通常動力潜水艦の威力は、北朝鮮潜水艦による韓国の哨戒艦「天安」の撃沈事件（２０１０年3月、死者46人）でも明らかです。韓国側がＡＳＷ能力の向上を怠った結果とは言え、アンブッシュを見抜けなかったのです。中国側も台湾の国産潜水艦の情報を必死で集めているようで、進水直後には台湾検察当局が中国側への情報漏洩の捜査を開始しています。

Q24 空軍と海軍の航空戦力はどうですか。

A

これも中国自身が弱点だと自覚し、増強を図っている分野です。中国空軍と海軍航空部隊は、戦闘機、爆撃機など２４００機の作戦用航空機を含む３１５０機以上の勢力です。このうち戦闘機は１９００機以上で、第4世代機の比率が増えて１３００機以上とされています。第5世代のＪ－20ステルス戦闘機も実戦配備されています。Ｙ－9電子戦機、Ｈ－6爆撃機やＹ－20大型輸送機を改造した空中給油機、ＫＪ－２０００やＫＪ－２００に続く最新鋭の早期警戒管制機ＫＪ－５００も開発と配備が進んでいます。数だけ見ると一気に台湾に襲いかかりそうですが、潜水艦の場合と同様に稼働率の問題がありますし、ストライクパッケージを編成するための支援航空機の数と能力に課題を残しています。

ストライクパッケージとは、攻撃用の編成だと理解してください。敵国を攻撃するようなレベルの航空作戦は戦闘機だけで成立するものではないのです。大規模な航空作戦の場合、たとえば戦闘爆撃機24機、制空戦闘機24機、電子戦機4機、空中給油機4機、早期警戒管制機1機といった編成の部隊を1方面にいくつも投入できなければなりません。中国の場合、そのうちの早期警戒管制機、空中給油機、電子戦機が発展途上の状態です。台湾軍、アメリカ軍と戦って台湾を制圧するほどの作戦を組み立てられないのです。

台湾まで早くても30分以上かかる

以前、「台湾までは１５０キロほどの距離だから、中国の戦闘機は1分で到達できる」と言った空自のＯＢがいましたが、それは現実的ではありません。中国の脅威について警鐘を鳴らすためのたとえ話でしょう。

中国の最新鋭戦闘機Ｓｕ-35が最大速度マッハ２・25で、それもミサイルも爆弾も搭載せずにフルスピードで飛んでくれば、中国大陸沿岸の基地から台湾までの１５０キロを3

分あまりで飛べるという机上の計算はできますが、実際のオペレーションではそんな飛び方はしません。ミサイルや爆弾などを爆装し、レーダーに見つからないよう最初の行程は高空（H）、途中と最後の行程は低空（L）を飛ぶ。これをハイ・ロー・ローと言いますが、そういう飛び方をしながら、しかも直線ではなく迂回しながら台湾を目指します。爆装していますから空気抵抗も大きく、スピードも時速500キロ以下になります。このような飛び方だと、中国大陸から台湾まで早くても30分以上を要します。燃料も食います。当然、台湾やアメリカの戦闘機と戦い、生き延びて中国大陸の基地まで戻ることを考えると、どこかで空中給油する必要も出てきます。空中給油機だけを見ても、中国は能力が明らかに不足しているのです。

空中給油機にのぞいたアメリカの凄味

作戦のためにどれくらいの空中給油機が必要なのかは一概には言えませんが、2022年8月にアメリカのペロシ下院議長が台湾を訪問したときのケースが参考になります。あのときは7月28日の段階で習近平国家主席がバイデン大統領と電話会談し、台湾訪問の中止を求めましたが、バイデン氏は「同じ民主党と言っても大統領が議会指導者の行動を制約するなどということはアメリカではあり得ない」と拒否しました。それに対して習氏は台湾訪問を強行するなら中国としても対抗措置をとらざるを得ないとして、軍事演習の構えを見せました。そして、台湾を取り巻くように6カ所の演習海域を設定し、海空軍の部隊を大規模に動かし、台湾の北・東・南側の演習海域に向けてＤＦ－15短距離弾道ミサイル11発を発射、うち5発が日本の排他的経済水域（ＥＥＺ）に落下した訳です。

中国の強硬姿勢に対して、アメリカは空母ロナルド・レーガン（ＦＡ－18戦闘機48～60機）、強襲揚陸艦アメリカ（Ｆ－35Ｂ戦闘機20機）、同トリポリ（同）を沖縄から台湾にかけての海域に展開しました。最新鋭戦闘機が88機から１００機、人民解放軍に睨みをきかせた訳ですが、この航空戦力をフルに戦わせる備えとして、アメリカ空軍は嘉手納基地の15機に加えて22機の空中給油機を増強して見せたのです。実に37機。１機の空中給油機は10機の戦闘機に給油可能で、それを反復できます。航空作戦のプロに言わせると、アメリカが見せつけた凄みはすさまじいものでした。

ミサイル発射はペロシ議長が去ってから

マレーシアから台湾まで直線ルートで飛べば4時間半ほどですが、ペロシ議長の一行は最短ルートをとりませんでした。ペロシ議長を乗せたアメリカ空軍のＣ－40（ボーイング737の要人輸送機）は南シナ海を大きく東側に迂回し、7時間かけてフライトしました。普通なら南シナ海上空を突っ切っても中国は文句を言ったりはしません。しかし、ことがこと、中国が猛反発している台湾訪問のフライトです。ペロシ議長が乗った要人輸送機にはＦ－15戦闘機の編隊18機と空中給油機が随伴しています。中国の戦闘機が威嚇してこないはずはありません。アメリカ側としては、中国の戦闘機パイロットが夜間の洋上飛行に慣れていないことを懸念し、空中衝突という事故の発生を未然に防ぐために、わざわざ迂回ルートを飛んだ訳です。

一方で、追跡しようとした中国の戦闘機は途中でペロシ機を見失いました。おそらく、上空から警戒していたアメリカ側のＡＷＡＣＳ（早期警戒管制機）か、随伴していたＥＡ－18Ｇグラウラー電子攻撃機が電子妨害をかけて、中国機のレーダーを使えなくしたのだと思われます。

その後の中国側の動きですが、強硬姿勢は見せたものの、形だけの演習に終始しました。習氏は7月28日の電話会談の最後に、強硬姿勢を示す必要があるもののアメリカと戦争するつもりはないと示唆したのです。それを裏付けるように、演習海域に向けて短距離弾道ミサイルが発射されたのは、ペロシ議長が台湾を離れ、日本に向かったあとだったのです。

Q25 ときおりマスコミを賑わす空母キラーは本当に脅威なのでしょうか。

A 空母キラーと呼ばれる対艦弾道ミサイル（ＡＳＢＭ）は、人工衛星から海上の艦船や漁船に至るまでの様々なセンサーがキャッチした情報に基づいて発射されます。発射後は慣性航法や航法衛星を使った中間誘導によって飛び、最終段階ではミサイル本体から分離された弾頭が積んでいるレーダーを作動させ、弾頭の後端にあるフィン（小翼）を動かすことによって目標（空母）へのコースを修正しながら飛ぶとされています。

空母キラーについては、最近も大きな動きがありました。２０２１年１月13日付の読売新聞は「中国、動く船へ弾道弾実験」と大きく報じています。記事の要点は次の通りです。

①「人民解放軍が南シナ海で行った対艦弾道ミサイル発射実験の際、航行中の船を標的にしていたことを、中国軍の内情を知りうる関係筋が明らかにした。米軍高官もこの事実を

認めている」

②「発射実験は（２０２０年）８月26日、海南省とパラセル（西沙諸島）の中間の海域で行われた」

③「関係筋によれば、無人で自動航行させていた古い商船を標的に、内陸部の青海省からDF-26Bを先に1発発射。数分後、東部の浙江省からもDF-21Dを1発発射した。ミサイル2発はほぼ同時に船を直撃し沈没させた」

④「衛星『遥感』は空母を追跡する能力があると推定される。遥感の打ち上げは２００６年以降、60基を超え、昨年新たに7基を打ち上げた。中国は洋上での偵察技術を急進展させている模様だ」

⑤「無人機も空母を追う上空の目となる。高解像度カメラで艦艇を撮影できる超音速の無人偵察機『無偵（WZ）8』が攻撃後の標的の被弾状況を確認する役割も担う」

能力はキル・チェーン全体から判断

中国の空母キラーは、DF-21Dと、それをもとに開発されたDF-26があり、４０００キロの射程をもつDF-26はグアムキラーとも呼ばれています。両方とも2段式の固体燃料ロケットで命中精度を示すＣＥＰ（半数必中界）はＤＦ－21Ｄが３００～４００メートル、ＤＦ－26が１５０～４５０メートル。ＤＦ－21Ｄの移動式発射装置が最大１５０基、ミサイルが最大１５０発、ＤＦ－26は約２００基の移動式発射装置、２００発以上のミサイルが配備中とされています。これが精密誘導され、喧伝されているとおりにアメリカの空母を追いかけ、直撃するというのであれば、大変な脅威です。しかし、その脅威に対するアメリカ側の評価は二転三転しているのです。

　順を追ってお話ししましょう。弾道ミサイルを動いている目標に着弾させるためには条件があるのです。時速50キロほどで移動中の空母に弾道ミサイルを命中させるには、空母の探知→位置の確定→継続的な追跡→重層的防衛網の突破→戦果の確認という、「キル・チェーン」と呼ばれる一連の能力が必要です。まず空母のだいたいの位置は中国の衛星でもわかりますが、水平線の向こうまで見通せる超水平線（ＯＴＨ）レーダーは精度が悪いうえ施設が大きくて最初の攻撃で破壊される危険性があります。洋上と上空から位置を確定したり追跡しようにも、空母艦載機に阻止されて接近できない。継続的な追跡には偵察衛星を３つの極軌道上に数十個ずつ展開する必要がありますが、中国にはそれがなかった。アメリカの空母打撃群は、米本土と比較しても最も濃密なミサイル防衛の傘に守られていて、これを突破するのも至難の業です。むろん、当たったかどうかの戦果の確認も、空母艦載機に阻止されて接近は容易ではありません。中国は、アメリカの空母の追跡手段を有していなかったのです。

10年以上、地上目標にしか発射実験せず

動いている船にミサイルを直撃させるのは、非常に難しいことなのです。これまでの発射実験を見れば中国側の苦悩がよく分かります。空母キラーの脅威が口にされるようになって10年以上、中国はゴビ砂漠とタクラマカン砂漠に設けた目標に向けてしか空母キラーを発射してこなかったのです。ゴビ砂漠のものはアメリカの10万トン級の原子力空母の心臓部の大きさのコンクリートの広場、タクラマカン砂漠のほうは敷かれたレールの上を電波を発する機器を載せた列車状の装置が移動するもので、洋上を移動する空母を狙うための訓練用の施設だとわかります。

中国が初めて空母キラーを海に向かって発射したのは、読売新聞の記事にあった２０２０年８月の大規模軍事演習の時です。目標海域は南シナ海。射程の短いＤＦ-21Ｄは浙江省から、ＤＦ-26Ｂのほうは青海省から1発ずつ発射されました。もちろん、目標

海域にはちゃんと着弾したようですが、そのあとおかしなことがあったのです。

シンクタンクの会合で中国の軍人が洋上の動いている船を直撃したと発言したものの、どんな船がどのくらいのスピードで航行していたのかといった証拠は示されず、それっきりになってしまったのです。興味深かったのはアメリカ側の反応で、空母キラーが着弾した様子を把握しているはずなのに一切無言、時間がたっても動いている船に当たったという話は出てこなかったのです。

発射実験では、目標海域がわかっており、移動する船の位置情報も事前に知らされていたと思われますので、そんなペーパーテストのような条件のもとでは命中する確率は高くなります。しかし、実戦は違います。アメリカの空母に命中させるのに必要な条件、つまりC4ISR（指揮・統制・通信・コンピュータ、情報、監視、偵察）の機能はまだまだ十分ではないと見るのが妥当だと思います。

インフラを見れば人民解放軍がわかる

人民解放軍の本当の実力を計るのに欠かせないのが「軍事インフラ」への視点です。これは軍事力がハイテク化するほど重要になるもので、マスコミを賑わせる最新兵器のカタログデータではわからない話です。特に軍事インフラの核をなすデータ中継能力から眺めると、人民解放軍への評価は一変するはずです。

以前はアメリカがデータ中継専用の衛星を15基、他の衛星の中継能力を合わせて30基以上を展開しているのに対し、中国は８基が軌道上にあるに過ぎませんでした。状況が変わったのは、アメリカの空母を追跡する遥感コンステレーションと呼ばれる衛星群を、中国が２００６年に打ち上げて以降です。データ中継衛星はまだアメリカが優位にありますが、２０２１年２月までに中国は合計70基の遥感を運用するようになりました。遥感衛星は、電子情報を収集するＥＬＩＮＴ衛星、ＳＡＲ（合成開口レーダー）衛星、光学衛星の３つのタイプで構成されています。これによってキル・チェーンを支えるＩＳＲ（情報・監視・偵察）ネットワークの構築、そして実戦を想定した実射訓練による運用能力が向上し、「空母を追跡する能力がない」という指摘は成り立たなくなったのです。

アメリカは偽情報で空母キラーをかわす

アメリカ側も手は打っています。アメリカ海軍はまず、空母打撃群の展開を不規則にすることで中国側の予測可能性を妨害することにしたのです。展開パターンを固定化すると狙われやすいからです。そして、中国側が空母打撃群の位置情報などを摑めないよう、同時進行で次の電子戦の取り組みを進めました。艦船と航空機に搭載する電子戦装置と、使い捨て型の無人機の配備です。無人機はデコイ（おとり）として欺瞞電波を出しながら飛び、ミサイルをおびき寄せるのです。

さらに、電磁波を使って中国側のレーダーやセンサーに偽物の情報を表示させ、ミサイルを誘導する装置も配備され始め、これはゲームチェンジャーだと言われています。アメリカ海軍にとって、中国の空母キラーは深刻なリスクから許容可能なリスクに変わったとさえ言われているのです。

さらに、アメリカ側には中国のキル・チェーンを寸断する能力が備わっています。空母艦載機は衛星攻撃ミサイルを搭載していますし、空軍のF-22戦闘機の即応ラプター・パッケージは中国側の中継用航空機や飛行船、気球を撃墜する能力を持っています。衛星攻撃ミサイルとラプター・パッケージを説明する前に、２０２３年2月に世界を驚かせた中国の気球事件の分析から入るのが理解しやすいかも知れません。

Q26 アメリカ本土上空を飛行していた中国の気球を、米軍が撃墜した事件がありましたが、どのように眺めるべきなのですか。

A

2023年2月1日から2日にかけて、アメリカとカナダの国防当局は中国の偵察用と思われる気球が両国上空で発見されたと発表しました。気球はその数日前から確認されており、モンタナ州上空での撃墜も検討されたようですが、のちに総重量5トンと判明したように巨大なため、破片で地上に被害が出ることを考慮し、大西洋上に出たところをバージニア州ラングレー基地から出撃したF-22戦闘機がサイドワインダー空対空ミサイルによって撃墜しました。

アメリカ国防総省の2023年版報告書は次のポイントを指摘しています。①中国に拠点を置く研究機関や企業は、少なくとも2000年代半ば以降、高高度気球を含む高高度システムの研究開発を進め、画像処理、データ中継、通信機能をサポートするペイロードを含む高高度気球を開発し、2015年の時点でテストを行っている。②さまざまな追跡・照準任務を支援するために高高度システムで、人民解放軍の要求をサポートするためのものである可能性が高い。つまり、軍事用の気球だったのでさっさと撃墜したということです。

一方の中国外務省は、この気球を自国の気球だと認めたうえ、科学研究用の民間気球が偏西風の影響で予定のコースを大幅に外れたとして、アメリカ政府に遺憾の意を伝えたとのことです。これに対してアメリカ政府は、明確な主権侵害で国際法に違反しているとして、2月3日に出発予定だったブリンケン国務長官の中国訪問を延期、気球製造の関連企業に制裁を科しました。中国が遺憾の意を表明したことに留意し、外交チャンネルは維持されることになりました。

このほかにもアメリカ上空で2個、カナダ上空で1個、小型の気球が発見され、これもアメリカの戦闘機によって撃墜されましたが、こちらは情報収集などの軍事目的を持たない民間用の気球で、中国のものとも断定できませんでした。

衛星と同じ機能を安価に実現

撃墜された気球はその後、大西洋から引き揚げられましたが、直径60メートルほど、総重量5トンで、SIGINT（シギント。電波・電子情報）収集用の装置と動力源の太陽光パネル、推進用のプロペラなどの装置だけで1トンもありました。アメリカ政府は気球が中国人民解放軍と関係の深い企業の製品で、世界の40カ国以上の上空で運用されてきたと明らかにしました。海南島の基地から発進し、グアム、ハワイのアメリカ軍の施設上空を飛ぶ予定が、コースを外れてしまったようです。

中国は21世紀に入る頃から気球や飛行船を使って情報収集能力を向上させようとしてきました。偵察衛星から目標を精密偵察しようとすれば、高度１５０キロほどの低軌道を周回させる必要があります。その場合、軌道変換のために噴射するロケットの燃料が減るばかりか、薄いとはいえ大気の抵抗で衛星の寿命が短くなる問題が出てきます。このようなリスクに高価な偵察衛星を頻繁にさらす訳にはいきません。それが気球や飛行船のような高度20キロ～30キロの成層圏に滞留できる飛行体であれば、精密偵察の能力は低軌道の偵察衛星に勝るとも劣らないわけです。極超音速弾道ミサイルや巡航ミサイルを監視する衛星コンステレーション（多数の衛星で隙間なく監視する方式）と同じ機能を、安価に実現できるメリットもあります。

軍事インフラの立ち遅れを気球でカバー

また、あまり知られていないのですが、地球を周回する偵察衛星は同一目標を1時間半に1回程度しか偵察できません。さっと飛び去ってしまうので電子・電波情報の収集にも限界があるのです。それが気球や飛行船なら目標空域に必要数を滞留させ、継続的に偵察・監視、ＳＩＧＩＮＴを行うことができます。ひとつの空域あたり数十個単位の気球を投入したとしても、コストは偵察衛星に比べてはるかに安上がりなのです。

　メディアでは気球の目的は電子情報の収集だと解説されましたが、中国にはもっと重要な目的がありました。軍事インフラの立ち後れをカバーしようとしている点です。これには気球だけでなく飛行船や無人機も活用されています。

　軍事インフラについて日本の専門家が注目することは少なかったのですが、人民解放軍はハイテクによる近代化を進めるほどに、中枢神経であり動脈でもあるデータ中継能力の不備に悩んできました。アメリカがデータ中継専用の衛星ＴＤＲＳ（Tracking and Data Relay Satellite）を15基、データ中継能力を持つほかの衛星を合わせると30基ほどを投入しているのに対し、中国のデータ中継衛星は天鏈1号（ＣＴＤＲＳ－1）が8基だけ。能力の格差は歴然としており、ハイテク化を進めるほどに人民解放軍は機能不全の壁に直面することになっていました。

　この能力の不備を、気球などの飛行体が埋める。一定空域に必要数を滞留させてデータ中継を行えば、その戦域でハイテク化された人民解放軍を機能させることが可能になるからです。その一端は2021年の中国国際航空宇宙博覧会で公開された飛行船が、ブロードバンド（高速大容量通信）によって1万平方キロの海域で無線通信を行う能力を備えていたことでもわかるでしょう。衛星にばかり目を向けていた欧米諸国の盲点を突いた動きでした。

予想外に広い気球の用途

気球の問題は空母キラーにも関わってきます。さきほど、中国はアメリカの空母の追跡手段を有していなかったと言いました。その問題は、その後の70基の偵察衛星の展開によって解決されたように見えますが、一定空域に必要な数の気球などの飛行体を滞留させれば、その戦域で行動中のアメリカの空母を継続的に追尾できる能力は向上し、より正確に空母キラーで攻撃することが可能になるのです。

活用方法は他にもあります。先進国は極超音速滑空体の開発でしのぎを削っていますが、同時に自国への脅威として対策を立てるのに腐心している訳です。対策のひとつとしては、低軌道上に小型衛星をくまなく配置する衛星コンステレーションによって極超音速滑空体を監視・追尾しようというものがありますが、小型といえども人工衛星ですから無視できないほどのコストがかかります。それが気球や飛行船なら、必要な空域に滞留させることによって低コストで同等の効果を得ることができるのです。このように、気球などを活用する中国の動きは、どこまでも戦略的だといってよいと思います。

F-22で気球を撃墜したわけ

しかし実は、そんな中国の上手を行っているのがアメリカだということも知っておきたいものです。この気球のケースについても、アメリカはずっと前から動きを把握していて「泳がせていた」という印象が強いのです。ＣＩＡ（アメリカ中央情報局）のバーンズ長官は２０２３年２月２日、ジョージタウン大学での講演の中で「習近平国家主席が２０２７年までに台湾侵攻能力を備えるよう軍に指示した」と、衝撃的な情報を明らかにしました。根拠こそ明かしませんでしたが、それまでの米軍関係者などの台湾有事論とは違って、リアリティを感じさせるものでした。気球がモンタナ州上空を飛行していることが公表され、世界の耳目を集める中で破壊されたのはそれからわずか２日後のことだったのです。

アメリカは気球事件の10年前、２０１３年頃から「即応ラプター・パッケージ」と呼ばれる空母キラー対策を備えてきました。根拠地はアラスカのエルメンドルフ空軍基地。パッケージはF-22ラプター戦闘機4機とC-17輸送機1機。これに要員と資機材を載せ、中国の弾道ミサイル攻撃から生き残った離島などの飛行場に緊急展開し、空母キラーを支援する中国の中継機、無人機、気球・飛行船を撃破する構想です。

大きな気球を破壊したのはラングレー基地のF-22ですが、小型の気球のうちアラスカとカナダ・ユーコン準州の2個はエルメンドルフ基地のF-22が破壊しました。そこからは、エルメンドルフに展開する即応ラプター・パッケージの姿が浮かび上がるのです。

F-22はレーダーに映りにくいステルス戦闘機として有名ですが、気球の破壊に出動したのは高高度を飛行できる性能が求められたからです。中国の気球や飛行船、そして無人機は普通の航空機が飛べない高度20キロ～30キロの成層圏で運用されます。そこに空対空ミサイルを発射しようとすれば、ぎりぎりまで接近する必要があり、それが可能な戦闘機はF-22だったのです。大型気球を破壊したF-22は1万７０００メートルの高度まで上昇しています。中国がサイドワインダーなど空対空ミサイルに対抗するために気球などの高度を上げれば、アメリカはさらに長射程の空対空ミサイルを発射して破壊するでしょう。

Q27 宇宙開発でも中国は進歩しているのでしょうか。

A

中国は2007年に自国の気象衛星をDF-21をベースに開発した衛星攻撃兵器で破壊し、発生したスペースデブリ（破片などの宇宙ゴミ）は2022年時点で2800個。国際的な問題となりました。ロシアも2021年に自国の人工衛星を破壊、1600個のデブリが発生しています。この背景には、あらゆる情報を戦力化するNCW（ネットワーク中心の戦い）におけるアメリカの圧倒的優位があります。アメリカに大きく水を空けられている中国とロシアとしては、軍事バランスを互角に持っていくために、自分たちが備えている能力を使ってアメリカのNCWの神経であり、血管でもある人工衛星ネットワークを破壊し、機能しなくする必要があり、サイバー攻撃を試みるほかに、衛星攻撃兵器などの実験を行っていると考えてよいのです。

アメリカは過去の実験で発生したデブリの問題に対し、宇宙開発に危険が及ぶことを理由に衛星攻撃兵器の実験を中止しました。しかし2008年、制御不能になった偵察衛星をイージス艦から発射した弾道ミサイル防衛用のＳＭ－３で破壊、その能力を中国とロシアに見せつけました。ここで押さえておくべきポイントは、軍事インフラを構成する人工衛星の数ではアメリカが圧倒的に多いという点です。衛星攻撃兵器を発射し合う事態になれば、残るのはアメリカの衛星なのです。さらにアメリカは「宇宙から蓋をする」恰好で中国とロシアの衛星攻撃を防ごうとしています。

アメリカは宇宙から中国・ロシアに「蓋」をする

「宇宙から蓋をする」とはどういうことか。２０２１年12月、アメリカの宇宙軍は13回目となる机上演習「シュリーバー」を行い、中国やロシアからの脅威に対する人工衛星の耐久性を点検しました。この演習の中身が「蓋」と言ってよいでしょう。演習にはイギリス、カナダ、オーストラリアなどが参加、アメリカ側のミサイルを追跡する相手の衛星を撃ち落としたり、相手の衛星通信を妨害するなど、電子戦の作戦能力に関してシミュレーションが行われました。

演習がこのような中身になったのは、ＮＣＷで優位に立つアメリカにとって、サイバー面はさほどの脆弱性を残しておらず、人工衛星ネットワークへの物理的な脅威こそが、アメリカのアキレス腱であり、唯一の弱点だったからです。「シュリーバー」演習のような取り組みでその弱点に対する防衛体制を固めることになれば、アメリカの優位性は揺るぎないものになるのです。クアッド（日米豪印戦略対話）やオーカス（米英豪による安全保障パートナーシップ）などで中国、そしてロシアを封じ込めつつあるアメリカは、宇宙から最後の弱点に蓋をするとでも言えばよいでしょうか、軍事面でもまた包囲網が築かれつつあるのです。

　このようにアメリカはどこまでも先手を打っています。あくまでも戦争を起こさせないためですが、気球の破壊劇はタイミングからみて、人民解放軍に台湾侵攻準備を指示したとされる習主席への「悪あがきはやめろ」という強烈なメッセージの側面があることを忘れてはならないと思います。中国が気球など飛行体の能力に期待しているのは台湾や尖閣諸島周辺の戦域であり、それを阻止するためにアメリカも即応ラプター・パッケージを南西諸島などに展開する準備を整えている。日本国民がこの現実を直視すれば、嘉手納基地にやってくるF‐22を見る目も変わろうというものです。成層圏をめぐる米中の見えざる闘いは日本列島上空でも展開されているのです。

Q28 短距離弾道ミサイルも、ものすごい数が台湾に狙いをつけていると言われますが。

A

台湾と日本の南西諸島などを射程に収める短距離弾道ミサイルには、旧式のＤＦ−11（射程３００〜５００キロ）、保有数が多いＤＦ−15、新型のＤＦ−16があり、合わせて１０００〜１５００発にのぼるとみられています。

ＤＦ−11から説明すると、１９７０年代から台湾を射程圏内に置いている１段式固体燃料の短距離弾道ミサイルで、５００キロの通常弾頭または核弾頭を搭載。８輪駆動の移動発射装置（ＴＥＬ）で移動します。命中精度を示すＣＥＰ（半数必中界）は２００〜６００メートル。旧式ですがＧＰＳの装備によって命中精度が向上しています。

ＤＦ−15は５００発以上が台湾対岸の福建省に配備されているとされます。１段式固体燃料ロケット（一部は2段式）で５００キロの通常弾頭のほか３５０〜５００キロトンの核弾頭を搭載できます。ＣＥＰは１５０〜５００メートル。８輪駆動のＴＥＬに搭載されています。ロケット軍の旅団に実戦配備されているのは、弾頭を切り離すことで命中精度を上げたＤＦ−15Ｂ（射程８５０キロ以上）と地中貫通型のＤＦ−15Ｃ（同７２５キロ以上）

のみとされ、旅団によっては極超音速滑空ミサイルDF‐17に置き換えられる方向ですが、保有数が多いことから当面は予備的な役割で配備されるとみられています。

DF‐16は2011年に台湾が中国による配備を公表した2段式の固体燃料ロケットです。TELは10輪駆動車。目標に突入する段階で高度を上げるように設計されており、その分、落下速度が加速され、パトリオットPAC3による迎撃が難しくなり、台湾への脅威が増したと警戒されてきました。弾頭の形は2種類あり、フィン（小翼）を持つ方は突入前に空気抵抗を利用してミサイル防衛をかわす動きが可能とされています。またDF‐16Bはクラスター弾頭を搭載すると見られます。

台北近郊の弾道ミサイル警戒レーダー

ここで整理しておかなければならないのは、基本的に中国は台湾に対して通常弾頭しか使わないということです。核兵器を使うとアメリカとの全面核対決という別次元の戦争にエスカレートする危険性があるからです。それでも核弾頭は威嚇効果の点で無視できません。

ミサイル警報も鳴らない、避難する場所もないところに多数のミサイルが撃ち込まれたら、どれだけ人的被害が出るかわかりません。しかし、台湾はアメリカと共同運用する台北近郊・楽山の早期警戒レーダーシステム・PAVE PAWS（Phased Array Warning System：フェイズドアレイ警戒システム）などのミサイル警戒システムを備えています。４８００キロ以上離れた場所から発射された弾道ミサイルや、飛び立った戦闘機を探知することができ、弾道ミサイルの発射を着弾６分前に知ることができます。日本の南西諸島に向けて発射されるミサイルも探知可能です。もちろん弾道ミサイル防衛にも台湾国産の天弓２型（射程１５０キロ、速度マッハ４・５）と天弓３型（射程２００キロ、速度マッハ７・０）の迎撃ミサイルを展開しています。いくら中国大陸が近いといっても着弾の何分か前には警報が鳴るのです。避難する場所も整備が進んでいますし、避難訓練も行われています。

着弾を避けられなくても安全は図れる

もちろん、着弾は避けられません。楽山の早期警戒レーダーは最初に攻撃されるでしょう。ミサイル防衛能力を超えるミサイルが飛んでくる飽和攻撃では、それなりのミサイルが着弾するでしょう。しかし、それで狼狽《うろた》えては中国の思うつぼです。シェルターの整備や、基本に忠実な避難方法によってミサイルの被害は少なくできるのです。日本ではシェルターというと大がかりな核シェルターなどを思い浮かべてしまうのですが、もう少し柔軟に考えることが可能なのです。そのことをウクライナ戦争が教えてくれています。

国民にミサイルに対する恐怖心だけが植え付けられているのは、通常弾頭型ミサイルに対する基礎知識が啓蒙されていない結果です。通常弾頭型ミサイルの効果は限定的です。それを理解して、警報が鳴ったら迅速に避難する訓練を重ねておけば、死傷者は大幅に低減されます。日本が取り組むべき防衛力整備を述べた第4章で詳しく書いておきますのでご参照ください。

Q29　中国の極超音速ミサイルはすごいと聞きますが。

A　極超音速というのは音速の5倍、マッハ5以上のスピードのことを言います。極超音速ミサイルはこの猛スピードと空気抵抗を利用して変則的に飛ぶ能力を備えていることから、ミサイル防衛が困難だと恐れられてきたのです。

２０２１年7月下旬、中国国内から発射された極超音速ミサイルが低周回軌道で地球を1周したあと、南シナ海上空で滑空体を発射し、目標から40キロの海上に落下したことがありました。中国外務省は、「宇宙船の定期テストを行った」とミサイル説を否定しましたが、アメリカのミリー統合参謀本部議長が「スプートニクに非常に近い出来事」と述べたように、アメリカ側が受けた衝撃は大きかったようです。１９５７年、旧ソ連が世界初の人工衛星スプートニクを打ち上げたときのショックに似ているという訳です。中国が世界有数の極超音速兵器保有国になったというのが、アメリカ側の認識です。

アメリカは早期警戒衛星ＤＳＰを発展させたＳＢＩＲＳ（シバース。宇宙配備赤外線システム）を12基、３万６０００キロの静止軌道上に上げて核実験や弾道ミサイル発射を監視しています。中国の極超音速兵器を追跡できたのはそうしたセンサー類を展開しているからですが、それだけでは極超音速ミサイルへの対策にはなりません。アメリカは、多数の小型衛星による衛星コンステレーションを日本などの同盟国と一緒に展開し、同時に素早く対処するための極超音速迎撃ミサイルを開発するなど、重層的な対策を構築中です。

4種類もある極超音速ミサイル

極超音速ミサイルは大雑把に分けて、弾道ミサイル型、航空機発射弾道ミサイル型、滑空体（ＨＧＶ）型、巡航ミサイル型の４種類があります。弾道ミサイル型と航空機発射型は１９８０年代に技術が確立され、ウクライナ戦争でロシアがウクライナに撃ち込んでいるイスカンデルと、その航空機発射型のキンジャールが代表格です。滑空体型には中国のＤＦ‐17、ロシアのアバンガルド、アメリカ海軍のプロンプトストライクがあります。巡航ミサイル型は中国とアメリカが開発しており、ロケットで極超音速まで加速されたあと、スクラムジェットによって速度を維持するものです。

中国が備えている極超音速ミサイルはまず、軍事パレードにも登場しているＤＦ‐17。これは滑空体型です。アメリカが警戒しているのはＤＦ‐27で、複数弾頭を積んでハワイなどを狙え、射程５０００～８０００キロと言われています。ただ、十分なテストが行われていないので信頼性が確立していないとも見られています。ロシアのアバンガルドも滑空体型でマッハ20以上。射程も１万キロ以上あります。

「ミサイル防衛が困難」って、ホント？

極超音速ミサイルはスピードが速く変則的に飛ぶため、ミサイル防衛が困難といいますが、実は俗説です。マッハ23で落ちてくる大陸間弾道ミサイル（ＩＣＢＭ）を直撃できるレベルまでミサイル防衛は進化しており、スピードはさほどの問題ではなくなっているのです。

例えば、イスカンデルやキンジャールは、普通の弾道ミサイルよりはるかに低い高度50キロ前後の大気圏内を飛び、空気抵抗を使って飛び方を変え、迎撃ミサイルをかわします。だからミサイル防衛は難しいとされてきましたが、意外にもそうでもないということが実証されました。

２０２３年5月、ウクライナ軍が西側諸国から提供されたパトリオットＰＡＣ２とＰＡＣ３の地対空ミサイルによって、ロシア軍が発射したキンジャール7発を破壊するのに成功したからです。これはコロンブスの卵のような話でした。変則軌道で飛んでくるキンジャールも、最後は目標を直撃するためにまっすぐに落下してくるからです。ウクライナ軍はそこを狙ってパトリオットを発射した訳です。このキンジャールに対するミサイル防衛の成功は、実は日本のミサイル防衛にも関係があるのです。

キンジャールはイスカンデルの航空機発射型だと言いましたが、北朝鮮が頻繁に発射している「新型戦術誘導武器」、アメリカ名ＫＮ−23はイスカンデルの北朝鮮モデルだからです。かりに北朝鮮が日本に向けてKN−23を発射しても、航空自衛隊のPAC3で対処できるということになると、ミサイルを振りかざした威嚇にたじろぐことがなくなり、ミサイル防衛の負担が軽くなりますね。

滑空体型にも意外な弱点

中国のDF−17やロシアのアバンガルドは滑空体型ですから、飛び方の原理と弱点も知っておく必要があります。滑空体型は弾道ミサイルによって宇宙空間に打ち上げられたあと、高度１００キロあたりで切り離されて50キロ前後の大気圏内まで降下し、空気の層の上を水切り石のように弾かれながら飛びます。そのために平べったい楔形《くさびがた》をしているのです。フィン（小翼）で空気抵抗を使うイスカンデルなどとは異なる変則軌道になるようです。

　前出の西恭之氏は、「極超音速ミサイルは、前面に触れる空気が圧縮されて部分的に摂氏１０００度以上に加熱され、周りの空気が電離するので、センサーを働かせて迎撃ミサイル等を探知することも、外部からの指示を受信することも困難だから、飛んでいる途中で迎撃ミサイルを回避することはできない」と、その弱点を指摘しています。また、極超音速ミサイルは高価なので大量配備が難しいというのも大きな課題ですね。

Q30 台湾封鎖で話題になる中国の機雷戦能力はどうでしょう。

A まず機雷戦について簡単に説明しておきますと、機雷戦は機雷を敷設する機雷敷設戦と、機雷を除去する対機雷戦で成り立っています。機雷には、船舶が出す音（スクリュー音やエンジン音など）、磁気（金属製の船体の磁気）、水圧（船の動きから生まれる水圧の変化など）に反応して爆発するものがあります。磁気機雷や水圧機雷には、10回以上船が通っても反応せず、11回目に爆発するといった巧妙なセンサーが組み込まれています。対機雷戦には、そうした機雷を掃海具によって爆発させる掃海と、水中ロボットや水中処分員（フロッグマン）などが爆破処分する機雷掃討があります。

台湾に上陸侵攻するにしても、台湾を海上封鎖するにしても、機雷を取り除く掃海能力や機雷を展開する敷設能力はきわめて重要な意味を持ちます。しかし、中国にはそうした機雷戦の能力が十分には備わっていないのです。しかも、機雷戦は中国側が航空優勢と海上優勢を確保できて初めて可能になる活動です。

航空優勢と海上優勢を確保して、襲いかかってくる台湾軍やアメリカ軍を追い払って安全な作業空間を作らないと、機雷を取り除いて部隊を上陸させることはできません。中国側が多くの掃海艇を失う想定は、第1章のシミュレーションにあったとおりです。航空優勢と海上優勢の問題はともかく、中国が備えている機雷戦艦艇の数は多いとは言えず、機雷を敷設して台湾を海上封鎖する能力も限られているのです。台湾有事を語る専門家がその点に触れていないのが気になりますね。

意外に弱体、中国の機雷戦能力

中国海軍の能力を見てみると、機雷戦艦艇は合計41隻。内訳は機雷掃討艇（渦蔵級6隻）、掃海艇（渦池級18隻、撫順級1隻）、沿岸掃海艇（渦掃級16隻）とされます。機雷戦艦艇だけでなく、4隻のソブレメンヌイ級駆逐艦（機雷40個）、12隻の旅大級駆逐艦（機雷38個）、約27隻の江滬型級フリゲート（機雷60個）など、多くの水上艦艇が機雷敷設能力を備えています。しかし、新型の駆逐艦とフリゲートには機雷敷設能力がなく、中国が機雷戦を重視しなくなっている可能性も指摘されています。

また機雷については、中国は５万個以上を保有していると伝えられます。これは、のちほどお話しする台湾封鎖に十分な量です。内訳は、ツノ（触角）が突き出た触発機雷、磁気・音響・水圧機雷、それらのセンサーを組み合わせた複合機雷、沿岸から有線でコントロールする管制機雷、ロケット上昇機雷、自走機雷など30種類以上とされています。ロシア製の上昇魚雷型機雷はアメリカのＣＡＰＴＯＲ（キャプター）のそっくりさんですが、深さ２０００メートルの深海にも設置できると言われます。

心理的効果が大きい機雷戦

機雷戦といってもイメージが湧きにくいかもしれませんが、かつての太平洋戦争で日本はアメリカの機雷に苦しめられた経験があります。戦争の末期にアメリカ軍が行った飢餓作戦（Operation Starvation）です。出撃したＢ-29爆撃機は延べ１５２９機。投下された機雷は１万２１３５個～１万２２３９個とされ、機雷によって沈没した日本商船は約30万トン、損傷した船も約40万トンにのぼり、日本の内海航路や朝鮮半島航路に壊滅的打撃を与えました。機雷戦の傷跡は深く、機雷敷設海域の99％が掃海済みとされた後も、海上自衛隊は１９９９年から２００８年にかけて年平均４個を処理し、21世紀に入っても機雷処理が続いています。

機雷が敷設されているという情報だけでも、船はその海域を避けようとしますから、心理的効果がありますし、実際に機雷が敷設されて海上交通が遮断されることになれば、経済への打撃は深刻です。機雷がないことを確認できなければ、船は情報があった海域を迂回することになり、そのための労力と時間は大きな負担となります。しかし、台湾をめぐる機雷戦は中国にとってもろ刃の剣でもあります。いつブーメランが自分のほうに戻ってくるかわからないのです。簡単に刀を抜く訳にはいかないことは、のちほどご説明しましょう。

Q31 中国が台湾を封鎖する場合、機雷はどのように敷設されるのですか。

A

機雷の敷設は水深や潮流を考慮しておこなわれます。基本的に中国が機雷を敷設するのは、台湾本島の西側と北側だと想定されています。海底に敷設する沈底機雷や海底に置かれた錘《おもり》にケーブルでつながっている係維機雷は２００メートル以内の水深で使われますが、台湾本島の南側と東側は黒潮の流れが速く、沿岸から急に２００メートル以上の深さになるからです。具体的には、台湾本島西側の台湾海峡の南と北の入口付近に機雷を敷設して、台湾や台湾を支援する各国の艦艇の侵入を阻止するとともに、台湾本島の西側と北側に台湾軍の艦艇を撃破するための機雷原を展開すると思われます。

台湾封鎖に必要な機雷は３万個ほどと見積もられ、第１段階７０００個、第２段階７０００個、第３段階１万５０００個といったパターンで投入されるとされます。台湾を出入りする海運と各国からの支援ルートを遮断できるだけの量ですね。

一方の台湾は、台湾海峡を挟んで西側の金門島などの島々の付近のほか、第１章のシミュレーションで書いたように、台湾本島の西側と北側の沿岸海域に上陸してくる人民解放軍を阻止するための機雷原を展開するでしょう。

機雷戦をやれば中国にブーメラン

この機雷は、日本にとって決して他人事ではありません。台湾海峡西側の中国よりに敷設された沈底機雷が潮流に押し流されたり、係維機雷のケーブルが切れたりすれば、機雷は黒潮と対馬海流に乗って日本近海を漂流したり沿岸に漂着し、海運や漁業に危険な状態が生じます。台湾海峡の東側の台湾本島の西側と北側に敷設された機雷の場合は、尖閣諸島周辺で漂流、漂着することになり、海上保安庁と海上自衛隊の活動に支障が出る一方、その隙に乗じて武装勢力が尖閣諸島に上陸する可能性さえ出てきます。

実を言えば、中国側にとっても、それが頭の痛いところなのです。日本の領海と排他的経済水域（EEZ）内の機雷については、被害が出ない段階で海上自衛隊の掃海部隊が機雷の除去に取りかかるでしょう。さらに、機雷の数が多ければ、「存立危機事態」の要件を満たす場合があります。

存立危機事態とは自衛隊が集団的自衛権に基づき、日本が攻められていなくても米国などと共に反撃できる事態のことです。2015年成立の安全保障関連法が定める武力行使の3要件を満たすのが集団的自衛権を発動する条件となります。3要件は①日本と密接な関係国に武力攻撃が発生し、日本の存立が脅かされる明白な危険がある、②他に適当な手段がない、③必要最小限度の実力行使――を指します。事態が認定されると集団的自衛権が発動され、海上自衛隊の対機雷戦部隊が台湾と周辺海域の機雷を除去することも考えられます。

台湾有事は日米安保条約第4条（締約国は、この条約の実施に関して随時協議し、また、日本国の安全又は極東における国際の平和及び安全に対する脅威が生じたときはいつでも、いずれか一方の締約国の要請により協議する）に基づく協議対象ですし、海上自衛隊の掃海部隊の能力は湾岸戦争後のペルシャ湾での活動でも証明されており、アメリカが機雷除去を要請してくることは間違いないでしょう。そうなると、中国が最も避けたいと思っている日米との戦争にエスカレートしかねません。さきほど「もろ刃の剣」とかブーメランといったのは、この問題なのです。

台湾はキャプターを備えるか

台湾、日本、アメリカの機雷戦能力についても見ておきましょう。

台湾は機雷敷設艦（４隻）、機雷掃討艦（４隻）、沿岸機雷掃討艦（２隻）という勢力で、数こそ少ないですが、上陸部隊を阻止する機雷原の展開や重要港湾入り口に敷設された機雷の除去など、機雷戦を意識していることがわかります。台湾側は手薄な印象がありますが、キャプター（ＣＡＰＴＯＲ、カプセルに入った魚雷）に似た機雷を台湾海峡の海底に設置することも考えられます。東西冷戦中にアメリカがイギリス、アイスランド、グリーンランドを結ぶ線（ＧＩＵＫギャップ）の海底に敷設していたとされるものですが、そのような対抗策を台湾海峡に展開されたら中国側は掃海するどころではありません。戦闘艦艇も、水陸両用部隊を載せた強襲揚陸艦も、陸軍部隊を運ぶ輸送船団も、海の藻くずになってしまうのです。この点についてはアメリカも台湾も口をつぐんでいるのが気になります。

アメリカは２０２３年度にアベンジャー級掃海艦の８隻すべてが退役、後継艦はフリーダム級沿海域戦闘艦28隻が担うことになります。フリーダム級は10メートルまでの浅深度の機雷に対してはＭＨ-60Ｓ掃海ヘリ搭載の機雷探知機と機雷処分具、それ以上の深度の機雷に対しては遠隔操作無人探査機（ＲＯＶ）を用いた遠隔機雷捜索システムで対応する能力を備えることができます。しかし、フリーダム級は全部が大西洋側のフロリダ州メイポートを母港としており、日本や台湾の周辺が手薄な印象があります。

海自の機雷戦能力はトップクラス

そこで期待を集めるのが海上自衛隊です。太平洋戦争後、日本の掃海部隊が活躍したのは朝鮮戦争開戦直後の１９５０年10月で、このときは海上保安庁所属の掃海艇が46隻、朝鮮半島元山沖などで機雷を掃海し、１人が「戦死」、18人が重軽傷を負っています。その後、海上自衛隊が対潜水艦戦（ＡＳＷ）と対機雷戦（ＡＭＷ）能力を二本柱に整備されていく中で、世界トップレベルの掃海部隊を持つに到り、それもあって湾岸戦争後のペルシャ湾での掃海作業にも従事することになったのです。

その後は主要国間の大規模紛争の可能性が低下したことで掃海部隊の規模縮小が検討される一方、掃海部隊が離島防衛などの水陸両用戦を担当することになり、対機雷戦を含む水陸両用戦を実施する目的で、もがみ型多機能護衛艦（満載排水量５５００トン）が整備されることになりました。もがみ型護衛艦（「もがみ」、「くまの」）は、対機雷戦ソナー・システム、無人機雷排除システム用水上無人機（ＵＳＶ）と機雷探索用無人機（ＵＵＶ）、新開発のコンパクトな専用機雷を展開する簡易型機雷敷設装置を搭載しています。もがみ型をのぞく海上自衛隊の機雷戦部隊は掃海母艦（満載排水量６８５０〜６９００トン）２隻、掃海艦（同７８０トン）３隻、掃海艇（同５９０〜６６０トン）16隻、掃海ヘリコプター10機という勢力です。

Q32 中国はどれくらいの核兵器を持っているのでしょう。

A

アメリカ国防総省の２０２３年版報告書は、核弾頭保有数が２０２３年５月の時点で５００発を超えるとし、２０３０年までに１０００発以上を実戦配備すると推定しました。２０２０年版報告書では２０３５年には１５００発に増えるとの見通しが示されています。２０２６年に失効するアメリカとロシアの新戦略兵器削減条約（新ＳＴＡＲＴ）は核弾頭の配備数を１５５０発に限定していますから、中国の核兵器保有量はそのレベルになる可能性がある訳です。

陸上発射型の核ミサイルの中心は１００基といわれる大陸間弾道ミサイル（ＩＣＢＭ）で、液体燃料型で地下サイロから発射するＤＦ‐５シリーズ（弾頭１〜３）、移動式発射装置を使う固体燃料型のＤＦ‐31シリーズ（同１〜３）、ＤＦ‐41（同10〜12）があります。液体燃料型の中距離弾道ミサイルＤＦ‐４（射程５４００キロ）も核弾頭搭載可能です。これを準中距離弾道ミサイルＤＦ‐21シリーズ（同１７５０〜３０００キロ、同１〜６）と中距離弾道ミサイルＤＦ‐26が補う形で、両方とも移動式発射装置を使う固体燃料型です。ちなみにアメリカは４００基のＩＣＢＭミニットマンⅢを保有しています。

Q33 台湾有事でも核兵器が使われるのでしょうか。

A

ＩＣＢＭは基本的にアメリカに向けられたものですから台湾で使われる可能性は大きくありませんが、気になるのはＤＦ‐26です。中国は２０１８年の後半頃から、台湾に侵攻する中国の艦船に向けてアメリカが戦術核兵器を使うのではないかと懸念を表明するようになり、その対抗手段として精密攻撃が可能な中国初の核ミサイルとしてＤＦ‐26を開発したのです。ＤＦ‐26はアメリカの基地があるグアム島を射程に収めることから「グアムキラー」と呼ばれていますが、核を積んだ「台湾キラー」でもあるのです。

中国が南シナ海を埋め立てる理由

核兵器は戦略ミサイル潜水艦（ＳＳＢ）や戦略ミサイル原潜（ＳＳＢＮ）に搭載し、海中から発射することが出来ます。捕捉されにくい海中を動いているので先制攻撃を受けにくく、自分の国が核兵器で先制攻撃されたらすかさず核兵器で報復攻撃できるように備えているのです。

アメリカはオハイオ級ＳＳＢＮ（水中排水量1万８７５０トン）を14隻保有していますが、中国も6隻の晋級ＳＳＢＮ（水中排水量1万２０００トン）に最大12基の潜水艦発射弾道ミサイル（ＳＬＢＭ）巨浪-2（射程７２００〜８０００キロ）を、後継の唐級（０９６型）ＳＳＢＮ（水中排水量不明）は24基の巨浪-3（射程９０００〜1万２０００キロ）を搭載することになっています。射程の短い巨浪-2は、アメリカ東海岸を狙う場合にはハワイの北側と東側の海域まで進出する必要があり、アメリカのＡＳＷ部隊に発見される恐れがありますが、射程の長い巨浪-3を積んだ０９６型は自国の部隊が守る渤海湾と南シナ海東部に展開すればすみます。中国が南シナ海の岩礁を埋め立て、３０００メートル級の滑走路を次々に建設しているのは、海中にひそむＳＳＢＮをアメリカや日本のＡＳＷ部隊から守るための戦闘機を配備するのが最大の目的なのです。このように、核兵器が使われないようお互いの手を縛っているのが、いわゆる核抑止という仕組みです。

また爆撃機については、旧ソ連が開発したＴｕ-16を改良したＨ-６Ｎ（航続距離６０００キロ）を１００〜１２０機ほど実戦配備し、核弾頭搭載可能な巡航ミサイル（長剣-20、射程２５００キロ）を機体外部に搭載できるよう改修が行われています。旧型のＨ-6爆撃機との相違は空中給油用のプローブ（受油用のパイプ）がついている点です。

信用できない「核の先制不使用」

では、中国は核兵器をどのような場合に使用するのでしょうか。中国の核兵器政策は、敵の先制攻撃に堪えられるような核戦力を維持することを優先しており、地下サイロの建設が進んでいます。相手が核兵器を使わない場合でも、その通常兵器による攻撃が中国の核戦力や中国共産党の存続を脅かすようなときは、核兵器を使って反撃するとしています。ロシアも同じことを表明しています。中国は核兵器の先制不使用を謳い、核戦力の大部分はミサイルと核弾頭を分離した平時の状態にありますが、そのように行動するかどうかは核の威嚇を続けているロシアを見ると疑わしいと思います。核弾頭を装着するのは難しい作業ではありませんから。

アメリカからの先制核攻撃を監視するため、中国は２０１３年段階で３基の早期警戒衛星を保有する計画を持っていました。２０２１年現在、少なくとも１基の早期警戒衛星を打ち上げ、静止軌道上から監視の目を光らせています。中国はすでに、アメリカのＰＡＶＥ　ＰＡＷＳ（早期警戒レーダーシステム）と外観がよく似た、地上設置型の大型フェイズド・アレイ・レーダーを複数保有していますし、２０１９年にはロシアがミサイル早期警戒システムの開発を支援することを申し出ています。

核実験監視システムからのデータ送信を遮断

中国の核兵器開発の展望についても触れておきます。現在、中国は核実験は行っていませんが、新疆ウイグル自治区ロプノール核実験場を恒常的に稼動させる準備が行われている可能性が指摘されています。爆薬格納室の使用、大規模な掘削などの動きが見られる一方、このような動きについての透明性が見られないのです。また、包括的核実験禁止条約（ＣＴＢＴ）機関の準備委員会が運営する国際データセンターへの国際監視システム（ＩＭＳ）ステーションからのデータをたびたび遮断しています。このような核実験活動に関する透明性の欠如は、中国の先制不使用政策に疑念を抱かせるものです。ミサイルについては、新型コロナウイルス感染症が蔓延する前の２０１８年と２０１９年の発射数を上回る２５０発以上の弾道ミサイルを発射しています。

民間の国際核分裂性物質パネルによると、中国は兵器級プルトニウムの生産を１９８６年、高濃縮ウランの生産を87年に中止しており、既存の核兵器を含めて兵器級プルトニウム約２・９トン、高濃縮ウラン約14トンを保有しているとしています。

中国の核兵器が起爆にプルトニウム4キロ、最終段階の核分裂に高濃縮ウラン20キロを使用するなら、中国が保有できる核兵器の数は、兵器級プルトニウムの生産を再開しないかぎり、兵器級プルトニウムの保有量に制限され、約730発となります。

核燃料サイクルを使って核兵器を増産

ただ前述の通り、アメリカ国防総省の2020年版と23年版報告書は、中国の核弾頭保有数が2035年に1500発に増えるとの見通しを示しています。これについては西特任准教授が、「中国が配備できる核ミサイルの数の上限は、保有する核兵器物質の量で決まるが、中国は約730発分を生産した後、生産を停止しており、再開の動きはみられない」と指摘していました。そして、それを裏付けるように2022年版の報告書では中国が1000発の核弾頭を保有するためには既存の兵器級プルトニウムでは足りない、という記述が加わってきたのです。

中国は核弾頭を増やすのに必要なインフラを建設中です。高速増殖炉と再処理工場を建設してプルトニウムの生産・分離能力を増強することは、核燃料サイクルの確立という国家目標と合致していますが、中国はおそらくこのインフラの一部を用いて、拡大を続ける核兵器計画のためにプルトニウムを生産することを意図していると思われます。中国が建設中の高速増殖炉は東シナ海沿岸、福建省寧徳市霞浦県の実証炉ＣＦＲ－６００で、１号機は２０２３年、２号機は26年に６００メガワットの商業発電の開始を予定しています。最初に使用する燃料のうち、ＭＯＸ燃料（ウランとプルトニウムの混合酸化物）はロシアから輸入することになっています。

Q34　中国のサイバー戦の能力も忘れてはいけませんね。

A　陸軍、海軍、空軍、ロケット軍などは形のある「強面《こわもて》」の兵器を使いますから、どうしてもそちらに目が行ってしまいますが、実は中国が宇宙、核戦力とならぶ抑止力として重視しているのがサイバー戦なのです。

アメリカ国防総省の２０２３年版報告書は、他国が最近の紛争でサイバースペース戦およびその他のＩＯ（情報作戦）を効果的に使用したと判断し、紛争の初期段階で相手の意思決定能力と行動に影響を与えるために指揮・統制と物流ネットワークへの攻撃を主張していると、警戒を隠していません。アメリカ国内の天然ガスのパイプラインを数週間にわたって遮断する能力もあると指摘しています。２０２１年に行われたアメリカの政府機関と民間企業に対するサイバー攻撃のアクセスの手口と能力は、軍事衝突の前や衝突後に国防総省の機能を妨害するために必要なものと類似しているとも、国防総省の報告書は強調しています。

これが台湾を狙うサイバー戦部隊だ

サイバー戦を担当しているのは、陸軍、海軍などと一緒に紹介した戦略支援軍（ＳＳＦ）です。ＳＳＦは、人民解放軍の戦略的な宇宙、サイバー、電子、情報、通信、心理戦のミッションと能力を集約するため２０１５年12月に設立された組織です。司令部は北京の海淀区にあり、旧参謀本部の下にあった心理戦、情報戦、宇宙戦、サイバー戦、電子戦の作戦を担当するすべての部隊を統括しています。ＳＳＦのネットワークシステム部門は、サイバースペース戦、技術偵察、電子戦、心理戦を含む統合運用を担当、宇宙、サイバー、陸上の手段から得た情報支援を人民解放軍の全ての軍種と五つの戦区に提供すると説明されています。

上海にはサイバー戦の部隊があると報道されています。上海浦東区に駐屯する61398部隊のことで、別名APT1としても知られています。中国共産党政治部第2局の秘密軍事ハッカー部隊とされ、アメリカ政府は名指ししていますが、中国政府は存在を否定しています。

台湾を担当しているのは61726部隊で、本部は武漢市武昌区にあります。中国国内6カ所以上に分遣隊を置いていますが、活動には武漢大学の関連研究施設とサイバーセキュリティ学部も組み込まれているようです。このほか、アメリカ、ヨーロッパ、日本の航空宇宙企業へのスパイ行為でアメリカ政府から摘発された61486部隊や、ロシアと中央アジアからの通信を傍受している61786部隊、サイバーセキュリティなどを研究開発する第56研究所などがあります。中国のサイバー戦の裾野の広さは、日本としてももっと注視していかなければなりません。

一方、日本のサイバー戦能力については第4章で実情を述べますが、まだまだお寒いかぎりですね。

第4章　日本はどう備えるか

Q35 中国はそう簡単には台湾に侵攻できないことは分かりましたが、だからと言って安心できる訳ではありません。日本の防衛力整備を進めるに当たって、何をどうすればよいのでしょうか。

A

台湾有事への危機感の高まりによって、日本では「敵基地攻撃能力」の保有に向けた議論が活発化しました。敵基地攻撃能力に関しては、陸上配備型ミサイル防衛システム「イージス・アショア」の配備計画を断念して以降、飛来するミサイルを迎撃するミサイル防衛の限界に突き当たり、政府は「反撃能力」という表現で抑止力を備えようとしています。しかし、日本に向けて発射されようとしているミサイルを探知する能力は日本にはなく、アメリカでさえ確立していない高度な技術です。また、「日本はどんなミサイルを何発持つべきなのか」という私の問いに答えられた政治家や官僚は皆無です。とにかく日本の防衛論議はリアリズムに欠けています。

政治家が知識不足なのは仕方ないにしても、官僚までもとは悲惨なものです。官僚が出してくる計画やアイデアは、裏付けを伴っていないことが少なくありません。そんな願望にすぎない「言葉遊び」はいい加減止めたいものです。そして、実際に抑止効果を持つ反撃能力とはイコール打撃力であることについて国民の理解を促す必要があります。「国家存亡の危機」においては、先制的自衛権の行使があり得る立場を明確にし、まずは打撃力を反撃能力として位置づけ、攻撃には何倍もの報復が行われることを示す――そういう整理が日本の議論には欠けています。

Q36　先制的自衛権は先制攻撃とは違うのですか。

A

国際的に「先制攻撃」と表現される場合は、差し迫った武力攻撃の危険に対し、機先を制する形で武力行使する先制的自衛です。

　たとえば北朝鮮が核兵器を使う兆候が見えたときは、放っておけば本当に使うかもしれず、そうなれば韓国は壊滅的被害を被ってしまいます。北朝鮮が核を使う前に韓国が先制攻撃することは当然、自衛戦争で、国際法上も正当な権利として認められています。日本の場合も同じです。敵が核ミサイルを発射するまでこちらは何もできない、などというバカげた国際法はありません。

この考え方は日本政府の見解にも違反しません。政府見解とは、小渕恵三内閣の野呂田芳成防衛庁長官の「（いわゆる先制攻撃とは）武力攻撃のおそれがあると推量される場合に他国を攻撃すること」と定義し、「憲法上認められていない」とした答弁（平成11年3月15日、参議院外交・防衛委員会）のことで、政府は「武力攻撃のおそれがあるだけでは武力攻撃の発生とは認められないが、他方で武力攻撃による現実の侵害の結果の発生を待たなければならないというものではない（傍点著者）」との考え方を示しています。

この先制攻撃に対して、予防戦争という概念があります。相手国との力関係がいずれ不利になると考えた国家が、不利な条件で戦うことになるのを防止する目的で、領土割譲などの講和条件を相手に強制できる見込みがあるうちに始める戦争のことです。実は、日本で一般的に「先制攻撃」と表現される武力行使は、国連憲章と政府見解に違反する予防戦争を指すのです。これはアウト。両者をきちんと区別できずに、予防戦争を先制攻撃とイコールだと思っている人が多いのが問題なのです。しばしば国会などで出てくる「座して死を待てというのか」という日本国内の議論は、国際法への無知をさらしているとも言えるのです。

先制的自衛は予防戦争とは違う

先制的自衛の実例はきわめて限られています。アメリカのダン・ライター教授（エモリー大学）の論文『先制的戦争はほとんど起きていない』によると、１８１６年から１９８０年までの67回の国家間戦争のうち、先制的自衛を目的の一つとして始められた戦争は、１９６７年のイスラエルによる対エジプト開戦など3回しかなかったといいます。

２００３年のイラク戦争について当時のブッシュ政権は先制的自衛権の行使の外見を装いましたが、予防戦争によってイラクの大量破壊兵器の生産を阻止するための強弁だったと受け止められています。イラクは大量破壊兵器を生産しているふりをしていたのですが、それに引きずられてしまったのです。

予防戦争のほうはドイツによる二度の世界大戦の開戦（ロシア・ソ連の工業化と軍近代化の防止）や日本の対米開戦（海軍力の比率の悪化の防止）の実例があり、近代の大国間の戦争にも少なくありません。国連憲章第51条は、国家が自衛権を行使することができる期間の起点を「国際連合加盟国に対して武力攻撃が発生した場合」と定めていますから国連憲章に違反しており、明らかな国際法違反です。

先制攻撃や先制的自衛について日本人はあまりにも無知ですが、致し方ない面もあります。日本のWikipediaには「予防戦争」という項目はあっても、「先制攻撃」「先制戦争」という項目がないのです。ところが、英語版のWikipediaにはPreemptive war（先制戦争）という項目があり、冒頭に「予防戦争と混同しないように」と書いてあります。また、予防戦争の項目には、実例としてパールハーバー、アラブ・イスラエル戦争（１９６７年）、イラク戦争（２００３年）の３つが載っているのです。ガラパゴス日本から出て世界に通用する話をしなければ、とても平和国家などと言えませんね。

Q37 では、リアリズムに基づいた防衛力整備とはどんなものですか。

A 政府は、ＮＡＴＯ（北大西洋条約機構）加盟国の防衛費が国内総生産（ＧＤＰ）比２％以上を目標としていることを意識し、防衛費を同レベルまで引き上げようと懸命です。むろん、私も防衛力の増強は大賛成ですが、日本の国防論議には冷徹なリアリズムが欠落しています。

例えば防衛費の算定について。自衛隊の適正規模をはじき出し、それに必要な防衛費をめて、防衛予算を算定できるのではないですか。

　いまの自衛隊の定員には根拠がありません。以前、陸上幕僚監部に陸上自衛隊の適正規模を算出してもらったら25万人の数字が出ました。現在の15万人体制とは10万人の開きがあります。その根拠としたのは世界第6位の総延長（3万5000キロ）を持つ日本列島の海岸線です。日本は領海と排他的経済水域をあわせると世界第6位の海を抱えた海洋国家ですが、海岸線も世界有数の長さなのです。しかも地震大国でもある。その日本列島で東日本大震災級の大災害が発生した場合、マンパワーの最後の砦は陸上自衛隊です。陸上競技にたとえると、消防・警察が瞬発力を求められる短距離ランナーなのに対して、陸上自衛隊は持久力を期待される長距離ランナーだからです。その陸上自衛隊を長大な海岸線に配置していくと25万人という数字が出るのです。東日本大震災では日本列島の防衛をアメリカ軍に委ねる形で、ピーク時には自衛隊10万7000人が投入されました。

　このように災害派遣と防衛を両立させるには陸上自衛隊だけで25万人が必要というのは根拠があるのです。これをもとに海上自衛隊、航空自衛隊の規模と予算を決めていかなければなりません。このように、徹底したリアリズムをもって根拠を示し、国民の賛同を得られる議論を深める必要があるのです。

「いまそこにある危機」を放置してきた

日本の防衛力整備の最大の問題は「いまそこにある危機」に対して手を打っていないことです。5年後、10年後の計画を策定し、予算措置を講じて、それでよしとしている。それでは、計画が達成され、導入される装備品が運用可能な状態になるまでの5年間、あるいは10年間、どうして国の安全を守るというのでしょうか。

日本が今すぐ手を打つべきなのは、中国、ロシア、北朝鮮の脅威度を下げることです。この3国は日本に着上陸する能力は備えていませんが、ミサイル攻撃する能力は備えています。日本としては、いかにしてミサイルを発射させないようにするか、それを堅固な防衛力に裏打ちされた外交力で実現しなければならないわけです。日本にとって「いまそこにある危機」とは中国、ロシア、北朝鮮のミサイルなのです。

私は周辺国のミサイルの脅威に対して、ミサイル防衛、反撃能力、シェルター整備、サイバー防衛能力の4点を同時進行すべきだと考えています。どれも防衛力整備で謳われているものですが、リアリズムに基づいた私の考えを述べていきます。

Q38

まずはミサイル防衛ですが、何が必要でしょうか。

A

ミサイル防衛については、アメリカ海軍のイージス艦89隻のうち60隻のミサイル防衛能力を持つＢＭＤ艦から２隻と予備２隻の合計４隻を借り、１隻ずつを秋田県と山口県の沖に展開します。これで日本列島全体をカバーできるのです。費用は日本側が負担し、艦長ら幹部を除く乗員は経験者をアメリカの民間軍事会社（ＰＭＣ）で雇用し乗務させます。借りるのではなく購入するという方向もあるかも知れません。これが実現すれば、日本周辺でのアメリカの防衛力も向上しますし、アメリカ海軍の人手不足への対策にもなります。この構想はただちに展開できるうえ安上がりなのが最大のメリットです。

一方、海上自衛隊では現在、新しいイージス艦を導入する計画が進められています。このイージス・システム搭載艦は令和6年度予算に船体の建造費２隻分３７９７億円が計上され、全長１９０メートル、幅25メートル、基準排水量１万２０００トンとなります。政府はもともと、２０１８年7月30日、イージス・アショア用にＡＮ／ＳＰＹ-７（Ｖ）１

レーダーを2基購入する計画を承認し、ロッキード・マーチン社と契約していましたが、計画の白紙撤回で洋上配備に方向転換、イージス・システム搭載艦を建造することになったのです。主兵装として、１２８セルのＶＬＳ（垂直発射装置）を設置して、ＳＭ-３のほか極超音速滑空兵器に対処できるＳＭ-６を搭載し、反撃能力としてＶＬＳからトマホークを撃てるよう指揮システムを追加したり、12式地対艦誘導弾の能力向上型の搭載も計画されています。

イージス・システム搭載艦は、将来的にミサイル防衛を強化するためにも、国内の防衛産業を維持するためにも建造すべきだと思います。しかし、完成までに5年、運用開始までさらに5年ほどかかるでしょう。それまで「いまそこにある危機」を前にして、裸でいろというのでしょうか。ミサイル防衛の「傘」が足りないなら、さきほど言ったようにイージス艦を友軍であるアメリカ海軍に提供してもらうのは戦場の常識ではありませんか。

「平時の戦争」を戦っている危機感はあるのか

ややもすると日本は「平時の戦争」を戦っている危機感に欠け、防衛力整備も5年後、10年後にしか運用可能とならない机上の計画に終始し、眼前の危機への対処を後回しにしてきました。「平時の戦争」とは、抑止力を高めることで相手の脅威度を低減させ、血を流す戦争を回避する考え方です。アメリカも中国も「平時の戦争」に勝利することを強く意識しています。第5章で詳しく述べますが、これは古代中国の『孫子』や人民解放軍の『三戦』に通底する思想で、中国は『三戦』を「砲煙の上がらない戦争」と呼んでいます。

そう考えれば、日本も同盟国のアメリカとともに平時の戦争の戦場にいることが理解できるでしょう。そこにおいては、友軍であるアメリカ軍と武器・弾薬などを融通し合うことは当然のこと。恥ずかしい、みっともないなどという子供じみた考えは浮かばないと思います。アメリカが日本の立場なら、そうすると思います。防衛省などの実務者に「平時の戦争」を戦っている自覚があれば、中国、ロシア、北朝鮮のミサイルの脅威を抑止する方向が短期間のうちに実行に移されるはずなのです。

実地測量せずに配備計画とは

ミサイル防衛ということでは、河野太郎防衛大臣の時に白紙撤回された陸上配備型ミサイル防衛システム「イージス・アショア」のことを思い出す方も多いでしょう。イージス・アショアは秋田県の新屋演習場と山口県のむつみ演習場に配備される方向で進んでいたのですが、２０１９年、秋田県の地元紙・秋田魁新報が防衛省の杜撰な測量方法をすっぱ抜いたことで火が点きました。防衛省の担当者は、測量会社や自衛隊の施設科部隊を使うのではなく、なんとグーグルの衛星写真を利用したサービス、グーグルアースで図面を描いていたのです。その結果、レーダーの電波を遮るとされた９カ所の山の仰角が過大に記載されていたほか、一つの山の標高が３メートル低く誤表記されたのです。

防衛省は秋田魁新報に対して、パソコン上で水平距離と高さの縮尺が異なる地形断面図を作成して紙に印刷し、その紙上を定規で測って角度を求めたため誤りが生じたと説明、杜撰さが明らかになりました。グーグルアースを使ったミスは山口県でも明らかになっています。さらに悪いことに問題発覚後の地元説明会で、後列に座っていた防衛省職員が居眠りしている姿がテレビで繰り返し放送され、秋田県の佐竹敬久知事をはじめ秋田県民の心証を著しく害することになったのです。

口先だけの住民説明も発覚

防衛省は山口県でも信頼を損ねました。山口県の場合は、迎撃ミサイルを発射した際に切り離す「ブースター」と呼ばれる推進補助装置の落下の問題です。地元の懸念に対して防衛省は「演習場内に確実に落下させる」と繰り返し説明し、必要な措置を講じることを約束してきたのに、それが虚偽だったと判明したのです。

「ブースター」とは、「イージス・アショア」で運用される全長6・7メートルの迎撃ミサイル「SM3ブロックⅡA」を、発射直後、垂直に推進させる部品で、長さ約170cm、直径約53cm、重さは200kg強もあります。防衛省は①ミサイルの速度と飛翔方向、②上空の風向きと風速、③落下時の「ブースター」の姿勢、のデータにより落下位置をあらかじめ算出、確実にブースターを落とせるよう、燃焼ガスを噴出するノズルの向きをソフトウェア上で変更して、ミサイルの飛翔経路をコントロールすると説明しました。しかし、改修はソフトウェアだけにとどまらず、ミサイルの直径の大型化や発射装置まで必要で、改修には2000億円の費用と10年の歳月が必要だとわかったのです。

イージス・アショアはシステム2基分で2500億円余り、配備後30年にわたる維持・運用費で約2000億円かかり、プロジェクト全体では約4500億円を見込んでいたのですが、ブースターが民家に落ちないための改修にさらに2000億円と10年かかるとなれば、無視できません。河野太郎防衛大臣は2020年6月15日、計画停止、つまり計画の白紙撤回を表明したのです。

ミサイル防衛の大前提は、外国にミサイルを撃たせないための抑止力です。そしてイージス・アショアは、核ミサイルの弾頭を破壊するための迎撃ミサイルシステムです。日本の迎撃ミサイル防衛が火を噴くときは、確実に核ミサイルをたたき落とさなければなりません。核弾頭を撃ち損なえば、数万、数十万人の人命被害をはじめ甚大な被害が生じるからです。ブースター落下で生じる被害など誰も問題にしないのです。それに、いままでも北朝鮮のミサイルに備えて皇居前広場にパトリオットPAC3を展開することになっていたのですが、場合によっては皇居内に被害が出る可能性があるにもかかわらず、文句を言う人はいませんでした。それが山口県で問題になったのは、防衛省が口先だけの説明で誤魔化そうとした結果だというほかありません。

メリットが大きいイージス・アショア

いろいろと問題が発生したイージス・アショアですが、そのメリットは大きく、今後導入される可能性もあり得ます。海上自衛隊のイージス艦は2023年現在8隻。2032年までに12隻になる計画ですが、それでも数に限りがあります。ミサイル防衛以外にさまざまな任務で運用する必要があり、ミサイル防衛に無理が生じやすいのです。その点、イージス・アショアはミサイル防衛に特化したシステムです。陸上自衛隊が１カ所の部隊あたり３００人ほどで運用可能、人手不足の海上自衛隊にしわ寄せがいかないメリットがあります。イージス・システム搭載艦が配備されたあとも、こちらはミサイル防衛だけでなく反撃用のミサイルを搭載することになりますから、イージス・アショアを国内２カ所に展開して補うことは検討する必要があると思います。

Q39　反撃能力の保有については、トマホークが話題になりましたね。

A　私がかねてから提案してきた構想は、アメリカ海軍が保有する巡航ミサイル・トマホークを有償で融通してもらい、不足分は日本が製造元のレイセオン社に発注して補充するというものです。

トマホークを配備するうえでモデルとなるのは横須賀を母港とする空母ロナルド・レーガンの打撃群のイージス艦12隻と攻撃型原潜、それに随伴するオハイオ級巡航ミサイル原潜が搭載する合計５００発です。海上自衛隊の49隻の護衛艦と22隻の潜水艦に８発ずつ配備すると約500発になります。護衛艦のVLS（垂直発射装置）の大がかりな改修は必要ないようですが、VLSにトマホークを装填すると、ほかのミサイルの数が減ります。それを避けるためには、アメリカ海軍が過去に採用していた4連装発射装置（キャニスター）を2組ずつ甲板に搭載するのが、「戦っている軍隊」の現実的な方法です。

キャニスターはVLSに格納するときにも使っていますから、それを甲板上に置くためにかつての装甲キャニスターのように外側を強化することは可能だと思います。過去に使っていたものなので、手に入る余剰品があるかも知れませんし、製造させても難しい話ではありません。また、計画ではイージス艦から配備していくそうですが、それを待っていないで甲板を使える護衛艦にキャニスターで装備していくのが「戦っている軍隊」の感覚です。潜水艦からのトマホーク発射は実験艦の建造を経て2032年頃に実戦配備とのことで、こちらは18発から24発を垂直発射方式で搭載する方向です。時間のかかる12式対艦ミサイルを射程200キロから1000キロに伸ばす改修や極超音速滑空体の開発などはこれと並行して進めていけばよいでしょう。

平時から事態認定をしておく

トマホークの配備については、防衛省は計画していた最新型のトマホーク「ブロック５」ではなく、アメリカ海軍が配備している「ブロック４」に導入を前倒ししました。基本的な性能は変わらないからです。しかし、それでも配備は２０２５年からです。戦場にいる危機感を持ってさらに工夫すべきでしょう。日本にとって明白な危険があり集団的自衛権を行使できる存立危機事態が認定されていればＡＣＳＡ（物品役務相互提供協定）を援用できると思いますが、放置すれば日本への直接的な武力攻撃に至る恐れがある重要影響事態のレベルではできません。台湾と朝鮮半島の有事については、存立危機事態が認定されているものとしてイージス艦やトマホークなどを融通し合えるよう、事態認定とＡＣＳＡを抜本的に改正することを考えてよいと思います。

ミサイル防衛は日米韓で考えよ

中国、ロシア、北朝鮮とも、日本を狙うミサイルは弾道ミサイルと巡航ミサイルです。「音速の5倍、10倍で飛来する弾道ミサイルに時速８８０キロのトマホークが役に立つのか」と声があがりそうですが、日本にはアメリカとの同盟関係やそれにリンクしている韓国との関係があり、そのトータルで考えなければなりません。３国のうちで最もミサイルを発射しそうな北朝鮮を例にとれば、１発でも韓国や日本に撃ち込んだら、まず韓国のキル・チェーンの短距離弾道ミサイルと在韓アメリカ軍のミサイルがリアルタイムで襲いかかります。そのあとを受けて北朝鮮の重要目標をピンポイントでつぶしていくのがアメリカ海軍と日本のトマホークの基本的な使い方となるのです。トマホークは海上を超低空で飛び発見されにくいという強みもあります。

韓国のキル・チェーンは２０００発

ここで、韓国のキル・チェーンについてもお話ししておきましょう。キル・チェーンは第３章で述べたように、例えば対艦弾道ミサイルを有効に着弾させるための、空母の探知→位置の確定→継続的な追跡→重層的防衛網の突破→戦果の確認、という一連の流れを指す言葉です。しかし、ここで言う韓国のキル・チェーンは北朝鮮に対する先制的自衛と反撃能力の名称として使われています。

韓国政府は２０１６年９月９日、北朝鮮が核弾頭爆発と称する実験を行った直後に『韓国型大量膺懲《ようちょう》報復』を公表しました。英文表記は『Korea Massive Punishment & Retaliation』（ＫＭＰＲ）で、punishmentは懲罰、retaliationは報復ですね。北朝鮮が核兵器を使う兆候を示したときは、金正恩・朝鮮労働党委員長以下の首脳部を狙うとともに、先制攻撃をおこなって北朝鮮を降伏に至らしめるという考え方です。そこに、ミサイルなどによる迅速な先制打撃を行うためのキル・チェーンと呼ばれるシステム、韓国型ミサイル防衛システム（ＫＡＭＤ：Korea Air and Missile Defense）を加え、韓国型の３軸システムの構築などに取り組んできました。

現在では3軸システムはキル・チェーンとＫＭＰＲを統合した「戦略打撃体系」と、「韓国型ミサイル防衛システム」に整理されています。キル・チェーンの主力は玄武２Ａ（射程３００キロ）、玄武２Ｂ（射程５００キロ）、玄武３（射程１５００キロの巡航ミサイル）で、２０２０年代半ばを目標に２０００発にする計画です。北朝鮮が韓国を攻撃する兆候が見えたら、これが火を噴く訳です。

南北とも「イスカンデル」を備えている

特に注目すべきは主力の玄武２Ｂです。ロシアの短距離弾道ミサイル・イスカンデルをリバースエンジニアリングし、さらに性能を向上させたもので、どういうルートから入手したのかと諸説が囁《ささや》かれています。しかも、北朝鮮が発射を繰り返している「新型戦術誘導武器」と呼んでいるミサイル（アメリカ政府はKN-23と呼称）も同じイスカンデルの北朝鮮版で、事実は小説よりも奇なりといった様相を呈しているのです。さらに韓国版と北朝鮮版のイスカンデルは、在韓アメリカ軍が配備し、ウクライナ軍がロシアとの戦争に不可欠だと提供を求めてきた短距離弾道ミサイルＡＴＡＣＭＳ（エイタクムス。陸軍戦術ミサイルシステムの略称）とも酷似しています。

おそらく、南北朝鮮はＡＴＡＣＭＳの長所を、それぞれ別のルートを通じて自分たちのイスカンデルに取り込んだのだと思います。ＡＴＡＣＭＳはウクライナ戦争で注目されたＨＩＭＡＲＳ（ハイマース。高機動ロケット砲システム）の発射装置からは１発しか発射できませんが、射程１６０～３００キロ、重要目標をピンポイントで破壊する能力を持っています。アメリカは当初、ウクライナがロシア領内深く攻撃して戦争をエスカレートさせないよう、ＨＩＭＡＲＳの発射装置から６発発射できる２２７ミリロケット弾（射程80キロ）しか供与しなかった訳ですが、２０２３年後半からＡＴＡＣＭＳの提供に踏み切りました。

『韓国型大量膺懲報復』では、キル・チェーンのミサイルだけでなく、地下深くに設けられた司令部を狙うバンカーバスターや空対地ミサイルで武装するF-15、F-35戦闘機といった航空部隊などで先制攻撃、指導者らを排除する〝斬首部隊〟として特殊部隊も投入します。韓国国防部の中将は記者会見で「平壌の大部分を吹き飛ばす」と述べました。かつて北朝鮮が「ソウルを火の海にする」と言ったことへの対抗的表現ですね。

敵基地攻撃能力は「戦争の引き金」

ここまで話を聞いていて、「北朝鮮が韓国に撃ち込んだ場合は理解できるけど、日本にミサイルが着弾しても韓国のキル・チェーンと在韓アメリカ軍は反撃するのか」と疑問を持たれる方もいるかもしれません。まるで日本と北朝鮮が一対一で戦うかのような話になっているから、そんな心配も出るのです。それは日本人が陥りやすい「木を見て森を見ず」の議論です。日本にはアメリカという同盟国があり、韓国も同様にアメリカと相互防衛条約を結んでいます。北朝鮮も中国、ロシアが後ろ盾です。反撃能力の問題に限らず、安全保障問題はその森全体を見渡して語らなければならないのです。

つまり、どちらかが手を出せば、必ず戦争になります。兵器の種類はともかく、反撃能力という名の敵基地攻撃能力を備えた日本が機先を制してミサイルの発射装置を破壊したら、北朝鮮は必ず反撃するでしょう。日本への反撃能力は限られていますから、北朝鮮は同時に韓国と在韓アメリカ軍を攻撃することになります。そうなれば、第2次朝鮮戦争です。両国と同盟関係にあるアメリカは、嫌でも戦争に引き込まれるのです。理屈の上で先制的自衛権を行使する権利があるとしても、実際に先制攻撃が可能なのは、その後の敵の反撃を退け、敵国の首都を占領するなど、「戦争を終わらせる能力」を持つ国に限られることを忘れてはならないと思います。

このように、反撃能力という名の敵基地攻撃能力には「戦争の引き金」の側面があるのです。将来、日本が反撃能力として弾道ミサイルを持つ場合、韓国のキル・チェーンが米韓連合軍司令官（在韓アメリカ軍司令官）の統制下に置かれているように、日本も指揮・統制の権限をアメリカに委ねるかどうかの議論が必要となるでしょう。日本が備えるべき反撃能力は、同盟関係を視野に語られなければならないのです。

もし日本がミサイルによる反撃能力を持たずに北朝鮮ミサイルを抑止したいのであれば、日米同盟を強化し、そこに参画するほうが現実的でしょう。例えば、朝鮮半島有事にはアメリカ、韓国の航空戦力を補完する形で航空自衛隊のストライク・パッケージ（戦闘機、電子戦機などによる戦闘単位）を投入できるよう、法制度と能力を整備することなどが考えられます。

本当に有効な反撃能力を語るには、そのような視点が必要だというのに、どこを見ても「木」、つまり兵器しか語らない自衛隊ＯＢや国防族議員が目につきます。その「権威者たち」の話を聞いて、ウンウンと頷《うなず》いている政治家やマスコミばかり。これでは官僚丸投げや権威主義を絵に描いたような光景でしかありません。

サージカル・ストライク

北朝鮮の核の脅威については、アメリカがサージカル・ストライクを行う可能性もあります。サージカル・ストライクとは、ある国の脅威を精密誘導兵器による空爆などでピンポイントで取り除く作戦です。一般市民などの巻き添え被害を最小限にとどめながら敵国の戦意を喪失させるのが目的で、本格的な戦争へのエスカレーションを防ぐ狙いがあります。直訳すれば「外科（手術）的攻撃」です。

北朝鮮は１９９３年から核開発を加速させ、ＩＡＥＡ（国際原子力機関）査察の拒否、ＮＰＴ（核不拡散条約）やＩＡＥＡからの脱退を表明して緊張が激化しました。アメリカは１９９４年に北朝鮮へのサージカル・ストライクを真剣に検討しました。当時、クリントン政権で国防長官を務めたウィリアム・Ｊ・ペリー（現・スタンフォード大教授）は、外交的解決を目指しながらも、サージカル・ストライクを検討させています。空爆の対象となったのは、寧辺《ヨンビョン》の核燃料再処理施設、5メガワット実験炉、使用済み燃料保管プールなどでした。

私がアメリカ政府側から計画の説明を受けたのは2003年ですが、①精密誘導兵器による攻撃（F－117攻撃機、B－2戦略爆撃機などステルス機を使用）、②海軍の水上艦と原子力潜水艦からのトマホーク巡航ミサイルによる攻撃、③B－52戦略爆撃機からの空中発射巡航ミサイルによる攻撃、④陸軍第2歩兵師団によるクラスター弾頭搭載のATACMSによる攻撃という内容でした。現在では、F－117に代わってF－22が投入され、B－1戦略爆撃機が加わることになるでしょう。

実行されたサージカル・ストライクの代表例としては、イスラエルによるイラクのオシラク原子炉の破壊（1981年）、アメリカによるリビアのトリポリとベンガジの軍事施設への空爆（1986年）があります。

Q40
日本にもシェルターは必要なのでしょうか。

A ミサイル防衛については、こちらの対処能力を超えた数のミサイルが飛んできたら大変だという話がありますが、対策はあります。それは「いまそこにある危機」に対して同時進行で整備すべきシェルターです。

　日本ではシェルターといえば核シェルターをイメージし、大上段に振りかぶる傾向がありますが、ここで必要なのは通常弾頭型のミサイルに対するシェルターです。通常弾頭型ミサイルの破片と爆風による殺傷効果がどれほどのものかを知り、ウクライナ戦争や湾岸戦争の実例を見れば、国民に納得してもらうことができると思います。

　通常弾頭型ミサイルの破片と爆風の威力は２００メートル四方ほど。１５５ミリ榴弾砲の砲弾だと50メートル四方くらいです。ミサイル警報が出ても、駆け込める場所さえあれば、運悪く直撃された場合を除けば助かります。これはウクライナ戦争でロシアから２０００発以上のミサイルと多連装ロケットを撃ち込まれたウクライナの国民の犠牲者が１万人あまりにとどまっていることを見れば明らかです。合計すると大変な犠牲者ですが、ロシアから撃ち込まれたミサイルなどの１発あたりの死者はゼロから数人なのです。ウクライナの民家には小さくて粗末だが地下室があり、首都キーウには世界一深い地下鉄

（105・5メートル）があります。これはソ連時代に核戦争を意識して作られたものですが、これがウクライナ戦争で効果を発揮しています。

湾岸戦争でもイスラエルはイラクから39発の弾道ミサイルを撃ち込まれましたが、ミサイルによる死者は2人にとどまりました。これもシェルターと避難訓練の賜物なのです。

ガザ地区を実効支配する武装組織ハマスによる2023年10月7日のイスラエル攻撃では5000発以上とも言われるロケット弾によって多数の死傷者が出ましたが、これはイスラエルの情報機関も察知できなかったほどの奇襲攻撃で、しかもミサイル防衛システム・アイアンドームの対処能力を超えた飽和攻撃だったからです。これをもってシェルターは効果がないなどと考えてはならないと思います。

必要なのは通常弾頭への安全対策だ

これらの例を参考に、どのような手を打つか。日本の場合、都市のビルというビルをシェルターに指定し、警報が鳴ったら通行人が歩いている横のビルに駆け込む訓練をしておくのです。地下鉄は将棋倒しを防ぐために入り口を拡げ、内部は1カ所あたり5000人ほどを収容できるスペースに改修し、トイレ、飲料水、非常食、救急キットなどを備えるのです。日本の場合、民家に地下室を設けることは困難ですが、ミサイルの標的になりそうな大都市と周辺の住宅には必ず１室のセイフティールームを確保し、壁４面と天井と床をイスラエル製などの対爆塗料で固め、警報が鳴ったら逃げ込めるようにしておきます。こうしておくだけで、日本国民はミサイルを振りかざした威嚇に動揺しなくなります。それは、日本を脅しても無駄だと相手に伝え、日本を攻撃しようとする意志を削ぐことになり、大きな抑止効果を生むのです。２０２２年12月、核シェルターの整備を促す自民党の議員連盟が発足しましたが、核ミサイルにもまして通常弾頭型に対するシェルターの整備に力点を置いて欲しいと思います。

Q41　日本のサイバー防衛能力はどれくらいのレベルにありますか。

A　技術立国とされる日本ですが、サイバー防衛能力はお粗末なものです。私は防衛力整備にどれほど予算を投入しても、サイバー防衛能力が先進国で最低のレベルにある結果、一夜にして水泡に帰するのではないかと危機感を持っています。

私はこれまで、世界最高レベルのハッカー出身のセキュリティ専門家を使って、日本の政府機関や巨大企業のネットワーク・セキュリティをチェックしてきました。そこで浮かび上がったのは、目を覆わずにはいられない惨状だったのです。

2002年9月、総務省に住民基本台帳ネットワーク（住基ネット）に関する検討委員会が設置され、委員の一人である私はアメリカのネットワーク・セキュリティの実情を調査する仕事を委託されました。2003年の大型連休中にワシントンDCを中心にアメリカの政府機関や専門家の聞き取りを行い、報告書を総務省に提出しました。深刻な内容だったので、報告書は15部に限定されました。うち1部は内閣総理大臣に、もう1部は総務大臣に提出して、1部は私が持っています。残り12部を誰がどのように活用しているかは、私は関知していません。

アメリカ側が調査に応じたのは、日本がセキュリティホールになっていることに深刻な危機感を抱いていたからです。日本とアメリカはインターネットでつながっている訳ですから、アメリカがどんなに高度なセキュリティを施していても同盟国の日本から侵入されたら防ぎようがない場合があるのです。アメリカ側の危機感は、連邦議会の政府監査院（GAO）、司法省、連邦捜査局（FBI）などの関係組織を挙げて私の聞き取り調査に応じたことでもわかるでしょう。

サイバーには原子力なみの危機感が必要

肝心の調査結果ですが、結果どころでなく、出発する前の事前の聞き取りでも深刻な問題が明らかになりました。まず、住基ネットを推進する側も、反対する側も、どのような社会を実現していくかの前提条件抜きに議論していたのです。しかも、電子政府に至るネットワーク社会への取り組みは、原子力エネルギーを扱うのと同様の危機意識が必要なのに、「失敗すれば国を傾けかねない」という認識が官民ともに希薄でした。①ネットワーク・セキュリティに関する国家的イニシアチブが存在していない、②政府も民間も、ネットワーク・セキュリティに関する問題意識と情報を共有していない、③国際水準を満たしたネットワーク・セキュリティへの取り組みが存在しないうえ、物理的セキュリティの重要性を認識していない、という恐るべき実態が明らかになったのです。

また調査を始めると、日本のネットワーク・セキュリティの後進性を象徴する次のような問題点をアメリカ側から指摘されました。①連絡官組織に要員を派遣していないのは先進国では日本だけ、②「外部からの侵入はファイアウォールや専用回線によって阻止できる」とする日本の認識は世界の笑いものになっている——。何人ものハッカー出身のセキュリティ専門家にもヒアリングしましたが、彼らは「日本の政府や企業のネットワーク・セキュリティは穴だらけだ。ネットから侵入できない日本の組織なんて、基本的にない」とも豪語していました。日本のネットワーク・セキュリティの現状は当時のままです。

サイバーでも失われた20年

報告書では次の４点を緊急提言しました。①国家的イニシアチブの中核として、ＩＴ版「危機管理庁」を設立すべきである、②重要インフラのセクターごとにＩＳＡＣ（アイザック。情報共有分析センター）を設置すべきである、③ＩＴ版「政府存続計画」を立案、法制化すべきである、④テロリストや犯罪者の立場で侵入テストするための法律を整備すべきである——。国が率先して提言を実行すれば、個別テーマの解決につながり、日本のネットワーク・セキュリティを国際水準に持っていくことができる、というのが私の考えでした。

しかし、20年経っても提言はどれも実現していません。その結果、日本のネットワーク・セキュリティはアメリカに20年ほど遅れ、韓国にも10年ほど遅れたままです。技術的には２〜３年程度の遅れしかなくても、日本の組織は対策を一度講じると、それですっかり安心してしまい、更新や継続をしないので１〜２年ぼんやりしていると、日進月歩のアメリカなど先進国に何年も引き離されてしまうのです。

サイバー・セキュリティを誤解している日本人

元ハッカーとの対話では、次のような指摘を受けました。日本の関係者には、「ネットワーク・セキュリティ」と「サイバー・セキュリティ」の区別が、まったくついていないというのです。両者の関係性すらも、わかっていない。日本人は、ネットワーク・セキュリティと聞くと、サイバー・セキュリティ、すなわちインターネットの安全確保のことだ、と思い込んでしまうのです。

考えればわかることですが、ネットワークを攻撃する側は、別にインターネットからだけ侵入すると決めているわけではありません。組織に内通者をつくって情報を盗んでも、カギをこじ開けてコンピュータ・ルームに侵入しても、施設を爆破することで大混乱させてもよいわけです。情報通信技術を使わず、サイバー面と物理面の双方にわたって、ネットワークに侵入する詐術的な方法を、ソーシャル・エンジニアリングといいます。その多くは人間の心理や行動の隙につけ込むもので、さまざまな手口が知られています。しかし、「ソーシャル・エンジニアリング」についてWikipediaの英語版と日本語版の解説を比べたら、日本語版の記述はたった約１５００字なのに英語版の記述は日本語にして約９０００字でした。日本人の持っている知識は話にならないレベルだとわかるでしょう。

サイバー攻撃してみて計画を立てよ

「いまそこにある危機」にサイバー防衛で対処するには、考え方と取り組みをアメリカのレベルに持っていかなければなりません。それが基本です。

アメリカ軍は「ネットワーク中心の戦い」（ＮＣＷ＝Network-Centric Warfare）によって戦争の概念を一新しています。赤道上空3万６０００キロの静止軌道上にある早期警戒衛星に始まり、空中の早期警戒管制機（ＡＷＡＣＳ）、海上のイージス艦、陸上の戦闘ヘリコプターや歩兵をネットワークでつなぎ、コンピュータの強力な情報処理能力によって必要な情報を目的のために活用するというのがＮＣＷの基本的な考え方です。そこにおいては、サイバー面であろうと物理面であろうと、ネットワークを守り切ることが至上命題となります。どちらか一方を守ればよいというのではありません。

まずは世界最高レベルの人材を3チームほど用意し、敵の立場から自衛隊を含む政府機関に攻撃をかけてみるといいでしょう。サイバー面、フィジカル面、ソーシャル・エンジニアリングで攻撃するのです。その結果をもとにサイバー防衛の青写真を描くのです。アメリカ軍とつながっている自衛隊はマシかも知れませんが、防衛省・自衛隊とつながっている政府組織や民間企業から入られることは容易に考えられますから、全体に目配りする必要があります。そして、その流れの中で世界レベルのサイバー部隊を備えるのです。

イランの核施設を麻痺させたイスラエル

サイバー部隊については、イスラエルの８２００部隊などが参考になると思います。有名な諜報機関モサドなどとは別に、イスラエルにインターネット情報などを収集する大規模なサイバー諜報機関があることは、ずっと前から知られていました。それが８２００部隊と呼ばれていることが、過去に報道されています。

たとえば『ニューヨークタイムズ』は、２０１２年6月1日付の『オバマ大統領はイランに対するサイバー攻撃の波の加速化を指令』という記事で、イランの核施設を攻撃し、数年にわたって機能を麻痺させたスタックスネットについて報じました。記事には「アメリカのＮＳＡ（国家安全保障局）とイスラエルの秘密部隊は、内部から攻撃する非常に複雑なコンピュータ・ワームの開発に取りかかった」「イスラエル軍の８２００部隊はＮＳＡに匹敵する技術的な専門知識を持っていた」などとあります。

エリートで固めた８２００部隊

イスラエルの諜報機関は、諜報特務庁「モサド」、公安庁「シャバク」、国防軍参謀本部諜報局「アマン」の3本立てになっており、イスラエル建国の１９４８年時点で、3つとも前身となる組織が存在していました。

モサドは対外諜報機関で、アメリカでいえばＣＩＡに当たります。シャバクは、アラブ関連局（イスラエル、ヨルダン川西岸、ガザ地区のテロ対策を担当）、非アラブ関連局（非アラブ諸国の安全保障やテロ対策を担当）、安全保護局（政府職員、大使館、その他重要インフラの防護）の3つに分かれているとされる国内治安機関です。国防軍参謀本部のアマンは、情報収集・情報分析・管理監督の3部門に分かれ、情報収集部門に、アラブ諸国などのインターネットや電話盗聴を含むシギント（ＳＩＧＩＮＴ＝Signals Intelligence）を担当する８２００部隊、偵察衛星や偵察機の情報を扱う９２００部隊、アラブ諸国のエージェント網によるヒューミント（ＨＵＭＩＮＴ＝Human Intelligence）をおこなう５０４部隊が所属しているとされています。

８２００部隊は、イスラエル軍におけるサイバー攻撃・防御の超精鋭部隊で、実力はアメリカのＮＳＡに匹敵する、と考えられています。ＮＳＡと８２００部隊のスタックスネット共同開発も、それを裏づける事実の一つです。１９５２年、中東戦争で提供されたアメリカ軍装備の余剰品を利用して創設され、要員は推定５０００人。18～21歳の若い隊員が中心です。

イスラエルではほとんどの国民が、高校卒業後の18歳から兵役を義務付けられており、８２００部隊はそのうち上位１％の優秀な人材だけを採用しています。８２００部隊のリクルーターは、高校生のうちから、ハッキング・数学・技術・言語・チームワークなどに優れた人材に目を配っており、８２００部隊に進むための専門学校のような予備教育プログラムもあるようです。

日本のサイバー能力が低い深刻な理由

徴兵制など日本では考えられない話ですが、日本なりの取り組みを進めなければ「いまそこにある危機」に対する防衛力を機能させることはできません。まずは定員を増やすことを含めた自衛隊側の取り組みを加速させるとともに、日本社会全体のサイバー能力を高めるため学校教育や企業文化を変えて、国民の多くがコンピュータを操れるようにしていくことが、遠回りに見えても、実は王道なのかも知れません。

さきほどのアメリカでの聞き取り調査では、何人もの大物ハッカーたちにヒアリングしましたが、彼らは異口同音に「俺たちと同じレベルの連中は、常に日本では2〜3人しか出てこない。技術立国の日本からすれば何百人かいなけりゃおかしいじゃないか」といっていました。これは日本の子どもたちが受験競争に勝つための塾通いに追われ、コンピュータに親しむ機会が少ないことによります。日本でしか通用しない受験競争に明け暮れてきた結果、肝心なところで国際水準から大きく引き離されることになっているのです。

日本でも出てきたサイバー後進国への危機感

結局、私の報告書の指摘や提言は実行に移されず、調査から20年にわたりネットワーク・セキュリティの穴は放置されたままといってよい状態でした。

2022年1月、総務省の学術雑誌『情報通信政策研究』第5巻第2号は、調査研究ノート『我が国のサイバーセキュリティ戦略の欠点と展望――「平和国家」体制の桎梏への対応を考える』（松村昌廣・桃山学院大学法学部教授）を掲載しました。論文は冒頭から「近年、我が国政府のサイバーセキュリティ政策に対する取り組みは、一見かなり充実してきた様相を呈している。しかし、日本国内の専門家の評価は全く逆の非常に否定的な評価が顕著である。なぜか」と訴えるなど、日本の立ち後れに警鐘を鳴らしました。

そして２０２３年１月６日、西村康稔経済産業大臣はアメリカのマヨルカス国土安全保障長官との会談でサイバー・セキュリティに関する協力覚書（ＭｏＣ：Memorandum of Cooperation）に署名しました。これを受けて政府は２０２３年度中に業務委託先の企業にアメリカ政府基準のサイバー・セキュリティ対策を義務付け、シンクタンクや通信事業者など年間１０００社以上に対してサイバー攻撃から政府情報を守るため通信機器の管理やアクセス制限などを求めることになりました。このように、日本はまだようやくといった段階なのです。

以上の４点、ミサイル防衛、反撃能力、シェルター整備、サイバー防衛能力が、「いまそこにある危機」に対して、ただちに日本が同時進行で実行に移さなければならない防衛力整備なのです。

第5章　中国の野望をいかに挫くか

Q42 目の前に切迫した危機があっても素早く動こうとしない日本ですが、中国を「安全な隣人」に変えようと努力することも必要ではありませんか。

A

2027年は習近平氏が国家主席4期目に入れるかどうかの年で、何かしら大きな業績を示さなければ、国内で認められないだろう。そのためにも習氏は台湾侵攻を決断すると、アメリカのかなりの専門家が見ています。

アメリカ側がそういう見方をする背景には、インド太平洋地域における米中の軍事バランスの変化に対する危機感があります。核戦力、通常戦力とも、少なくとも数のうえでは中国はアメリカとの差を縮めつつあります。世界に軍事力を分散展開しているアメリカに対して、東アジアでは中国のほうが数的優位に立っているとさえ言えます。そこに中国の核戦力が増強され、米中両国が核戦争を回避しようとする方向が生まれると、中国は通常戦力を台湾統一に使いやすくなる。そのタイミングの一つが直近では2027年という訳です。隙を見せるとそこを衝《つ》かれるぞという危機感ですね。

しかし、心配しすぎる必要はありません。意外かも知れませんが、習氏には自分の名を中国の歴史に刻むためにも達成しなければならない国家目標があり、その実現のプロセスでは冒険をする訳には行かないという事情があるのです。それは、中華人民共和国建国１００周年の２０４９年にアメリカを政治的、経済的、軍事的に追い抜くという目標です。国家主席４期目を実現するためだからと言って、２０４９年という国家目標を目の前にしてつまずいて転ぶ訳には行かないのです。そのことを念頭にアメリカのミリー統合参謀本部議長は「習近平は合理的な判断ができる人物。一か八かの勝負に出るギャンブラーではない」と言ったのです。軍事に疎い日本人には信じられないかも知れませんが、中国はあれでも注意深く「安全運転中」なのです。

「２０４９年」を目指して中国は「安全運転中」

２０１９年２月７日、アメリカ議会の諮問機関「米中経済安全保障調査委員会」で、「習近平指導部は人民解放軍が現代戦に勝てる可能性を楽観していない」との証言が注目を集めました。証言者は人民解放軍に関するアメリカの第一人者デニス・ブラスコ元陸軍中佐。ブラスコ氏は、①人民解放軍が戦闘を経験していないため、どれほど強いのか指導部にもよくわからないことが、武力行使をためらわせている、②それゆえ中国の短期・中期的な安全保障政策は控えめな目標を追求し、その手段としては、抑止および戦争に至らない行動を採用する、③指導部は軍の現代化の完成を予定している２０３５年までは戦争を避けようとするだろう、との予測を明らかにしています。

人民解放軍は１９８０年代以降、個別の演習の講評をもとに軍の能力に関する全般的な評価を構成し、中央軍事委員会主席の名前で発表して訓練の指針とした後、短い標語にまとめています。ブラスコ氏によれば、その２０１５年版では、「一部の指揮官」が状況を判断できず、上官の意図を理解できず、作戦を決心できず、部隊を適切に展開できず、突発的な状況に対応できない、と厳しい指摘が行われ、「平和病」を脱して近代的な兵器の能力を発揮できるよう、兵員の育成や訓練方法の刷新が必要だと強調されています。だからブラスコ氏は、武力を行使したり軍の現代化を加速したりする理由を中国に与えかねない政策は、慎重に検討しなければならないと、アメリカと同盟国に警告したのです。同じ指摘はアメリカ国防総省の２０２３年版報告書にも詳しく紹介されています。自らの弱点を自覚している人民解放軍は侮りがたいですね。

Q43

中国が尖閣諸島で領海侵犯したり、東シナ海でレーダー照射しているのを見ると、とても「安全運転中」とは思えませんが……。

A　最初のレーダー照射事件は２０１３年1月19日午後5時頃、尖閣諸島の北１２０キロの東シナ海上で、２回目は1月30日午前10時頃、同じ海域で起きました。最初は、護衛艦「おおなみ」から発進した哨戒ヘリコプターに、次は護衛艦「ゆうだち」に、火器管制レーダーが1回ずつ照射されたのです。火砲やミサイルを照準するための火器管制レーダーの照射は「模擬攻撃」と呼ばれ、相手が反撃すれば武力紛争になりかねないことから固く戒められています。中国艦は、その模擬攻撃を仕掛けてきたことになります。

マスコミは、いまにも「東シナ海海戦」が勃発しそうな論調で報じましたが、二つの事件の間には11日間にわたる中国側の「沈黙」があったことは知られていません。実は、最初の哨戒ヘリに対するレーダー照射を受けて海上自衛隊は、28キロ離れていた護衛艦を中国艦まで3キロの海域まで前進させたのです。レーダー照射が日本に戦争を仕掛ける性格のものなら、護衛艦に詰め寄られた中国艦はさらにレーダー照射を繰り返しそうなものですが、中国艦は沈黙したままでした。

「日本との戦争は中国の利益にならない」と一喝

中国艦の立場で考えてみましょう。最悪の場合、戦闘が起きることも覚悟しなければならない状況です。しかし、日本の護衛艦に反撃すべきか判断する権限は、中国艦の政治将校にはありません。当然、共産党中央軍事委員会にお伺いを立てることになります。つまり、それから11日後に行われた護衛艦に対する1発のレーダー照射こそが、一定の冷却期間をおいて血気にはやる現場を沈静化させ、同時に中国海軍としての面目を保つため、軍事衝突を招かないレベルで反応するという、練りに練られた中央軍事委員会の判断だったと考えられるのです。この「11日間の沈黙」こそ共産党が軍をコントロールするという、中国流の文民統制の徹底ぶりを象徴するような反応だったことは知っておいてよいでしょう。

事態を深刻に受け止めたのは中国側でした。事件の直後、人民解放軍内部の対日強硬論にクギを刺すかのように、最上層部から戒めの言葉が繰り返されることになったのです。

対日強硬論を戒めたのは劉源上将（大将）。劉少奇元国家主席の子息で、習近平氏の幼なじみというばかりか、対米・対日強硬派として知られ、習主席の腐敗摘発の先頭にも立ってきた盟友です。その劉源上将が2月から3月にかけて、次の点を強調したのです。まず、党機関紙・人民日報の系列紙の環球時報（２月４日付）に、「戦略的チャンスの時期を確保せよ——戦争は最後の選択」という論説を寄稿しました。要約すれば、①日米との戦争は中国の利益にならない、②中国の発展は戦争をしていない時期に実現したことを忘れるな、③尖閣諸島問題を棚上げにして、戦争を回避せよ、という内容でした。

　同じ趣旨の発言はレーダー照射事件から１カ月ほどの間に繰り返し行われました。劉源上将の個人的な発言ではなく、習氏の意向と考えて間違いないでしょう。中国の立場で考えれば、東シナ海で軍事衝突が起きれば、相手は日本とアメリカです。日米との紛争には世界的な戦争にエスカレートする要素が含まれています。事態の展開によっては中国に進出している国際資本が逃げ出してしまいかねない。中国がもっとも怖れる天安門事件という悪夢の再来なのです。１９８９年６月４日に起きた天安門事件では、私は上海の復旦大学にいたのですが、続々と撤退する国際資本に「中国の未来はなくなった」と立場を越えて天を仰いだエリートたちの姿が記憶に残っています。天安門事件を思い起こせば、レーダー照射事件後の中国の行動が日米との軍事衝突を避けることに力点を置いていたことがわかると思います。

中国海警が「あおり運転」しかしない謎

一方、尖閣諸島での領海侵犯ですが、これも表面だけ見ていては中国の動きに振り回されるだけです。中国海警局の白い公船による「あおり運転の謎」とも言うべき行動について考えたことがありますか。石垣市が東海大海洋学部の海洋調査研修船を使って環境保全のためのデータ収集を目的とする海洋調査を行ったとき、中国公船は領海侵入し、調査船に接近するなど緊張が高まりましたが、海上保安庁の巡視船が間に入って事なきを得ました。地元漁船のケースでも同じです。

ここで気がつくべきは、調査船や漁船に対して中国の公船は「あおり行動」を見せるものの、拿捕や警告射撃をしていないことです。中国側の主張では、尖閣諸島周辺は中国の領海なのです。中国の領海法と海警法を使えば、警告に従って退去しない日本の調査船や漁船に強硬措置をとれるはずです。それなのになぜ、やらないのでしょう。

尖閣周辺は「日中双方の領海」

その理由は日中漁業協定にあります。日本と中国の排他的経済水域（ＥＥＺ）が重なる東シナ海では、北緯27度以南の日本のＥＥＺについて棚上げとすることで合意、さらに、この海域を「ＥＺ漁業法適用特例対象海域」に指定し、中国漁船に対して漁業関係法令を適用しておらず、双方の公船は自国の漁船などの取り締まりしかできないことになっています。

同時に、尖閣諸島沿岸から12海里（22キロ）については棚上げの適用を除外し、双方の領海として扱うことになっているのです。中国の公船が「あおり運転」しかしないのは、自国の領海であると同時に日本の領海を航行しているとの認識があるからです。それを無視して強硬手段に出れば、場合によっては日本と、そしてアメリカを交えた国際紛争にエスカレートしかねません。中国側としては１００％自国の領海だという根拠がない限り、強硬手段に訴えられないのです。

これはあまり知られていないことですが、領海侵犯する公船は4隻編成の場合、１隻しか武装していないことが多いのです。対する海上保安庁の巡視船は、40ミリ、30ミリの機関砲、20ミリバルカン砲などすべてが重武装です。こんな強力な海保の巡視船に取り巻かれている中で、中国側も重武装していれば、武力衝突する危険性は高まります。そうなれば、中国としてはどうしても避けたい日米との軍事衝突にエスカレートするリスクがある。だからあえて丸腰に近い状態で領海侵犯させ、「日本のメディアが大騒ぎする模様を利用して『日本に対して決して弱腰ではない』と中国国内に伝え続ける」ことで、国内強硬派の弱腰批判を封じようとしているわけです。

日中の巡視船は拮抗している

中国海警局所属の公船の現状に触れておくと、２０２２年の段階で、ヘリコプター搭載哨戒船41隻、ヘリコプター運用哨戒船（ヘリ発着甲板のみ）16隻、その他の大型哨戒船（１５００トン超）27隻、中型哨戒船（５００～１５００トン）95隻、小型哨戒船（５００トン未満）２５５隻の合計４３４隻と海洋調査船などと見られます。

これに対して、海上保安庁の勢力は人員1万４６８１人、船艇４７４隻、航空機92機。船艇の内訳は、ＰＬＨ（３１００～５３００トン、ヘリ搭載）19隻、ＰＬ（１３００～３５００トン）52隻、ＰＭ（３５０～６５０トン）37隻、ＰＳ（１９５トン）35隻、ＦＬ（２８０トン）1隻、ＰＣ（64～１２５トン）70隻、ＣＬ（26トン）１６９隻、特殊警備救難艇67隻。

中国側は２０２２年、76ミリ砲を備えた旧型フリゲート22隻が海軍から海警に移され、ミサイル関係の装備は外されているとは言え、威圧感を振りまいています。このうち

1000トン以上の大型船は海保89隻に対して海警157隻ですが、海警は南シナ海までを任務区域としているので、東シナ海正面では海保と互角といってよく、日本側が圧倒されている訳ではないのです。

エストッペルの法則が証明する「尖閣は日本領」

しかし、それで安心してはいけません。日本には海洋国家としての確たる戦略がないからです。日本の領海と排他的経済水域（EEZ）の面積は世界第6位で中国をしのいでいます。この広大な海域で海洋権益を守るため、私はかねてから海保の予算は6000億円規模、人員と装備も2倍に強化すべきだと主張してきました。しかし、それだけで日本の海洋権益が守られる訳ではありません。国際法の勉強からやり直しましょう。

「エストッペルの法則」という言葉を聞いたことがありますか。国際法では、双方が認めていた事柄を一方が翻して利益を得ることは禁じられています。それが「禁反言の法理（エストッペルの法則）」という基本原則です。尖閣諸島の領有権については、中国側にエストッペルの法則に反しているという自覚があり、あれでも後ろめたいと思っているのです。

どういうことなのかと言えば、１９６０年代まで中国は尖閣諸島を日本領土だと公式に認めていたのです。１９５３年1月8日付の中国共産党中央委員会の機関紙『人民日報』の記事「米国の占領に反対する琉球群島人民の闘争」では琉球群島の定義に尖閣諸島を含めていますし、尖閣諸島を日本領と記した１９６６年の世界知識出版社（外交部所管）の地図『世界人民反米闘争形勢図』などが厳然と存在しています。

ところが、１９６０年代末期の国連の海洋調査によって尖閣周辺海域にエネルギー資源が埋蔵されている可能性が明らかになり、中国は台湾とともに領有権を主張しはじめたのです。これは、それまで認めていた日本の領有権を覆して利益を得ようとするもので、明らかにエストッペルの法則に抵触しています。だからこそ中国は日本側が国際司法裁判所への付託を呼びかけても応じようとしないのです。

海洋国家の戦略に欠ける日本

日本政府はパッチワークのような対策を後手後手で講じてきたのをあらため、海洋国家として戦略的な動きを同時進行させる必要があります。海上保安庁の増強と海上自衛隊との連携の強化はもとより、エストッペルの法則に照らした領有権の正当性の国際社会への発信、それをもとにした尖閣諸島周辺海域を日本のみの領海とする日中漁業協定の改定、日本の領海警備に関して国連海洋法条約に準拠するだけでなく、中国などの領海法と同様の違反船への強硬措置を担保する国内法の制定……。以上を同時進行させるためには国家の司令塔たるＮＳＳ（国家安全保障局）の機能を強化しなければならないことは言うまでもありません。

Q44

台湾の武力統一が困難だとして、中国はどう出てくるでしょう。

A

意外かも知れませんが、第１章でも触れたように、中国の軍部は人民解放軍に台湾侵攻能力が備わっておらず、予算の制約もあって10年、15年といった中期的にもその能力を備えることができないことを熟知しているのです。それでも、次のような言葉をぶつけて日本を牽制しています。

「台湾への上陸侵攻能力がなくても、台湾が独立を宣言したりすれば、国家の体面の問題から無視できないので、躊躇なく武力行使する。作戦は失敗するし、国際的な孤立は50年、

１００年に及ぶかも知れないが、それは覚悟のうえだ。その場合、日本にも火の粉が降りかかるだろう。そんなことにならないよう、日本の政治家は台湾独立を煽るような発言は控えて欲しい」

中国は『熟柿戦略』で台湾を落とす

中国が周到に計画しているのは、実は『熟柿戦略』とも呼ぶべきものです。40年来の知己である台湾の元外交官はこう言います。「台湾は中国の軍事侵攻に備えている訳ですが、同時に中国には作戦遂行能力がないことも見抜いているつもりです。中国もそれを自覚しており、もっと頭を使ったやり方で台湾を手に入れようとしています。熟した柿が自然に落ちてくるように時間をかけてでも目的を遂げようというやり口です」。

この『熟柿戦略』を理解するために、まずはハイブリッド戦についてお話ししましょう。ハイブリッドとは、複数の方式を組み合わせるという意味をもちます。中国でハイブリッド戦の概念が登場したのは、１９９９年に中国の喬良大佐と王湘穂大佐が発表した『超限戦』という本です。ここでは「21世紀の戦争は、あらゆる限度を超えた紛争であり、あらゆる手段が軍事兵器になり、あらゆる場所で軍事紛争が生起する」として、政治、経済、宗教、心理、文化、思想など社会を構成する全ての要素を兵器として使うという考えが提示されています。戦争に勝つためには「何でもあり」で、手段を選ばない。「血を流さずに勝つ」ために、とことん知恵を絞ろうということです。

輿論戦・法律戦・心理戦

この考えを受ける形で中国共産党は２００３年12月、『中国人民解放軍政治工作条例』を改定、『三戦』という戦略を打ち出しました。条例には、人民解放軍の使命、役割、原理原則、組織内容、政治活動などが記されています。

『三戦』とは輿論戦、心理戦、法律戦の総称です。この三戦について防衛省防衛研究所編『中国安全保障レポート』（２０１１年３月）は次のように述べています。

「三戦は相互に不可分であり、輿論戦は心理戦と法律戦に有利な国内外の輿論環境を提供し、法律戦は輿論戦と心理戦に法律上の根拠を提供する。三戦は中国の得意とする『宣伝』を手段として敵の弱体化をはかるという意味で、非対称戦の一部と見なすこともできる」

「輿論戦とは、自軍の敢闘精神を鼓舞し、敵の戦闘意欲を弱めるために内外の輿論の醸成を図る活動をいう。新聞、書籍、ラジオ、テレビ、インターネット、電子メールなどのメディアと情報資源が総合的に運用される」

「心理戦の目的は敵軍の抵抗意思の『破砕』であり、敵軍に対する『宣伝』、『威嚇』、『欺騙』、『離間』による認知操作と自軍の『心理防護』を主な形態としている」

「法律戦は、自軍の武力行使と作戦行動の合法性を確保し、敵の違法性を暴き出し、第三国の干渉を阻止する活動をいう。それにより、軍事的には自軍を『主動』、敵を『受動』の立場に置くことを目的とする。法律戦は法律上の勝利を目指すのではなく、あくまで軍事作戦の補助手段と位置づけられる」

輿論戦はメディア戦と言い換えてもよいでしょう。心理戦と法律戦は日本語でそのまま通じる内容です。この『三戦』を中国側は「砲煙の上がらない戦争」と呼んでいますが、軍事力を行使せずに敵に勝つ、まさに古代中国の戦略の書『孫子』の兵法そのものです。

ハイブリッド戦の原点は『孫子』

『孫子』はアメリカのマティス元国防長官の愛読書としても知られていますが、戦争を単に戦術を駆使する武力衝突として見るのではなく、国家経営と戦争の関係を大局から政略的・戦略的に見る点に特徴があります。

たとえば「国を全うするを上と為し、国を破るは之に次ぐ」や「百戦百勝は善の善なるものに非ず。戦わずして人の兵を屈するは善の善なるものなり」といった非戦、あるいは非好戦的な考え方や、情報戦を重視する「彼を知り己を知れば百戦して殆《あや》うからず」もよく知られています。日本に伝わったのは奈良時代とされ、武田信玄の旗印「風林火山」も孫子の一節です。

アメリカ陸軍は２００８年、教範に『ハイブリッド脅威』という概念を盛り込みました。防衛白書はハイブリッド戦を「軍事と非軍事の境界を意図的に曖昧にした手法であり、このような手法は、相手方に軍事面にとどまらない複雑な対応を強いる」と記しています。アゼルバイジャンとアルメニアの間の１９９１～94年のナゴルノ・カラバフ戦争などが、現地の武装勢力や犯罪集団などを巻き込んでハイブリッド戦の要件を満たしていたこと、中国で超限戦の概念が生まれ、『三戦』という任務が人民解放軍に与えられた動きなどを整理したのです。

ハイブリッド戦で有名なものは、２０１４年春のロシアによるウクライナのクリミア半島併合です。中国やアメリカの動向を観察していたロシアのゲラシモフ参謀総長は

２０１３年、『先見の明における軍事学の価値』という論文を公表し、ロシア軍はそれを受ける形で軍事ドクトリンを改定、クリミア半島で実践した訳です。ロシアがほぼ無血でクリミア半島を併合したあと、イギリスの国際戦略研究所は２０１５年５月、併合の手法を『ハイブリッド戦争』と名付け、その呼び方が定着していったのです。

Q45 台湾におけるハイブリッド戦はどんな展開になるのでしょうか。

A まず認知領域戦ですね。中国寄りの世論を台湾国内に生み出す動きは、既に始まっていると言って構わないでしょう。

認知領域戦とは、フェイクニュースやＳＮＳなどで国内外の世論に働きかけ、分断を生み出す戦い方です。ウクライナ戦争でロシアが流した「ウクライナ軍が化学兵器の使用を準備している」といったフェイクニュースは典型です。台湾でも、「アメリカは台湾在住の自国民の避難を密かに計画している」といった情報をネットに流し、アメリカへの不信感を掻き立て、アメリカと親密な関係にある民進党政権への信頼が失われるように仕向ける動きがあります。これがうまくいって中国寄りの政権が生まれれば、まさに『熟柿戦略』は成功したことになります。認知領域戦は軍事的にもサイバー領域に次ぐ「第6の戦場」に位置づけられて、２０２２年12月に決定された安保3文書にも陸上自衛隊に認知領域戦に対処する部隊を新設することが謳われました。

斬首戦から既成事実化へ

中国のアプローチの仕方としては、有事でも平時でもない、いわゆるグレーゾーンの事態によってハイブリッド戦を仕掛けてくると思います。中国寄りの勢力と台湾独立派の対立が先鋭化し、なにかのきっかけで内乱状態に陥る可能性は大きい。サイバー攻撃によって台湾の社会インフラを麻痺させ、国民生活を混乱させる動きも出るでしょう。

内乱的な混乱が生じたら、斬首戦に出てきます。弾道ミサイルなどで台湾の政治・経済・軍事の中枢を攻撃、強襲揚陸艦を使った水陸両用部隊による強襲上陸作戦も実行に移すでしょう。そして混乱に乗じて中国寄りの傀儡政権を樹立する。そこまでいっても国際社会は介入できません。ウクライナ戦争でロシアがそうだったように、中国は国連安保理の常任理事国ですし、中国は「国内問題」と強弁しているからです。そうして時間がたつほどに既成事実化が進み、熟柿が中国の手に落ちるという訳です。

Q46 巧妙な中国に対して、日本はどのように動くべきですか。

A

こちらもしたたかに立ち回り、備える必要があります。防衛力の増強や日米同盟の深化をベースにしつつ、中国につけ込まれないような論理を構築して、台湾との間の国境線に日米による防衛ラインを展開するのです。このとき日本が示すべき国家防衛と紛争抑止の論理としては、日本国民だけでなく世界的にも理解されやすい災害対策的な表現がよいと思います。延焼防止と破壊消防です。

とにかく日本と台湾の距離は近いのです。戦火が飛び火しやすいことは中国側も熟知しています。ニュースではしばしば「○○機の人民解放軍機が台湾の防空識別圏に侵入」と報じますが、その大部分は台湾南部のフィリピン寄り、バシー海峡方面から台湾の東岸方面に回り込み、そこでUターンしているのです。台湾東岸の洞窟飛行場を攻撃する想定だという見方もありますが、基本的には日米との衝突を避けるためです。

台湾中部から北の空域で侵入すれば、仮にスクランブルしてきた台湾の戦闘機と戦闘状態に入った場合、速度は時速３００キロほどの低速かも知れませんが、それでもたちまち日本の領空に入ってしまいます。このようなケースでは、スクランブルした航空自衛隊機が警告射撃を躊躇《ためら》うことになれば、バックアップに上がった嘉手納基地のアメリカ軍機が攻撃し、中国機を追うアメリカ軍機と自衛隊機はすぐに台湾領空に達してしまう。中国が本音では日米との衝突を避けたいと思っていても、交戦状態に入る可能性は大きい。それほど日本と台湾は至近距離にあり、だからこそ「台湾有事は日本有事」という認識も出てくるのです。

邦人の避難モデルはＮＥＯ

台湾が中国の手に落ちることは日米の安全保障にも憂慮すべき事態です。斬首戦や強襲上陸を実行できないよう軍事的なシフトを強化しておかなければなりません。

台湾国内で騒擾などの兆しが生じたら、すかさずアメリカのＮＥＯ（Non-combatant Evacuation Operations：非戦闘員退避活動）のように在留邦人の国外避難を開始、同時に日米の部隊を日本の国境線の内側ぎりぎりに緊急展開する。そのための部隊を編成し、年に数回は緊急展開の実動訓練を見せつけておき、つけ込む隙を与えないことが重要です。

NEOとは非戦闘員、つまり民間人など軍人ではない人々を、危険な場所から退避させる活動（作戦）のことです。アメリカの場合は、国務省（現地では大使館）が主導し、アメリカ軍が支援して、その国にいると危険なアメリカ市民や軍属（軍に雇用された軍人以外の要員）その他を、安全な避難場所やアメリカ本国に退避させます。戦争や紛争だけでなく、政情不安や自然災害などによる退避も含まれます。

韓国に駐留するアメリカ陸軍第2歩兵師団の公式サイトには、一般向けのわかりやすい文書があり参考になります。1950年の韓国、1965年のドミニカ、1975年のベトナム、2010年のハイチ、2011年の日本（福島第一原発事故）などが、過去のNEO事例として載っています。さらには、NEOバッグに入れる推奨品を写真付きで紹介し、ペットをどうするかという話も出てきます。これはアメリカだけの話ではなく、カナダ軍のサイトにもNEOのページがあります。

これが朝鮮有事でのNEOだ

私が2003年5月に受けたアメリカ国防総省のブリーフィングでは、例えば朝鮮半島有事の場合、ＮＥＯの対象は、アメリカ軍家族、政府関係者その他12万５０００人で、これを航空機で国外に退避させます。具体的には、まず３０００メートル級滑走路を備え、１日５０００人（望ましいのは１日９０００人）の収容能力がある主要空港を確保して、これをメインに使い、同時に予備として、その他の空港も確保します。航空機は軍用・民間のどちらも使うことになっており、韓国からグアムを経由してアメリカ本土に退避させます。日本に退避させる計画もありますが、人数は多くありません。

まず12万５０００人を退避させると意志決定した日から７日後までに、使用空港の確保と必要設備の搬入をおこないます。10日後に避難活動を開始し、終了するのは23日後です。最初の１週間で空港を準備し、10日目から実際の退避を始めて、２週間で全員の国外脱出が終わります。着手から３週間あまりですね。意志決定から終了までに35日という別の計画もあります。空港の防衛には陸軍または海兵隊の各１個大隊を配備します。ＮＥＯの安全を確保するために、特殊部隊も投入します。空港までの輸送をおこなうのは現地業者またはアメリカ軍です。この段階での課題は、いかにして混乱を最小限に抑えつつ、迅速で漏れのない避難指示を伝達するか、とされています。

ＮＥＯという「決意表明」

日本では在留邦人の避難は自然災害時の避難と同じようにしか理解されていませんが、先進国の常識からいうとＮＥＯは戦争に突入する直前段階の行動で、これから攻撃に出る、あるいは軍事力を展開して攻撃を受けて立つという決意の表明でもあるのです。

朝鮮半島有事を例にとれば、ＮＥＯはアメリカと北朝鮮の対立や緊張が高まったときに実施されます。韓国にいたアメリカ人が国外退去を始めれば当然、北朝鮮も動揺します。アメリカによる戦争準備が始まった、と焦り始めるでしょう。アメリカはそれを承知のうえで、言い換えれば、ＮＥＯを北朝鮮への経済制裁を効果的に実施するための「圧力」と位置づけて、実施する面があるのです。

また、ＮＥＯに伴って行われる海上封鎖は経済封鎖の最終段階であると同時に、小競り合いから軍事制裁へと移行しかねない〝分水嶺〟です。だから、船舶を使うＮＥＯは、その海上封鎖部隊が展開され、調整できたときにだけしか実施しないのがアメリカの計画なのです。残念なことに、日本はその点を理解していない。安全保障の法的基盤の再構築に関する懇談会の報告書が出た２０１４年5月15日の記者会見で、安倍晋三首相は『邦人輸送中の米輸送艦の防護』と題するパネルを示しながら説明しましたが、これは官僚がＮＥ

Oについて無知だった象徴的なシーンです。

中国を「安全な隣人」に変える

といっても、台湾有事の場合、とてもNEOだけでは抑止力にならないでしょう。ほかの手立ても必要です。

隣の家が火事になって火の粉が飛んでくれば、燃え広がらないよう火の粉を払いのけなければなりません。延焼防止のために消防が隣接する建物を壊していく破壊消防を実施することもあります。この火災対策と同じような考え方のもと、自衛隊とアメリカ軍は緊急展開部隊を編成し、訓練を重ねることが台湾で火事を発生させない防火対策となります。中国は不快感を示すでしょうが、あくまで日本の国境線の内側での訓練です。日本としては毅然として中国の反発を撥《は》ねつけ、火事を起こしかねない行動、要するに軍事挑発は厳に慎むべきだと伝え続けなければなりません。

あまり語られることはないのですが、中国も台湾も漢民族のメンタリティなのです。漢民族は相手に威圧的な姿勢が通じないとみれば、自分の側から迂回して衝突を避け、時間をかけてでも目的を達成しようとするのです。2023年8月に「日本、台湾、アメリカをはじめとした有志の国に、非常に強い抑止力を機能させる覚悟が求められている。戦う覚悟だ」との麻生太郎自民党副総裁の発言があっても、中国が団体客の訪日再開やビザの条件緩和の決定を撤回しないのは、その表れと言えるでしょう。とにかく日本に必要なのは、中国の言動に髪の毛を逆立てて反発するのではなく、中国を「安全な隣人」に変えていく戦略なのです。

よく知られている言葉に「脅威は相手の意志と能力」というものがあります。日本に対する敵意が渦巻いていて、日本を攻撃する軍事的能力を備えている中国であれば、これは紛れもなく脅威です。しかし、意志と能力のどちらかが欠けると脅威にはなりにくいのです。日本は軍事的能力については防衛力整備に努め、日米同盟を深化させる中で中国に追いつかれないようにする。その一方、中国が日本なしには成り立たないほどの経済的、技術的関わりを戦略的に構築することができれば、日本への敵意は生じにくくなります。そこまで実行できて初めて、日本は間違いなく平時の戦争の勝者として安全と繁栄の道を歩み続けることができるのです。

おわりに

本書を書き終えて、正直なところ不安がつのっています。能力的にみて中国が台湾に侵攻する可能性が高くないことを客観的データから説明してきましたが、それでも台湾に対する武力行使はあり得るわけで、起きたらどうしようという不安を拭い去ることができません。それは防衛省や自衛隊の首脳も同じはずです。予測が外れたら、日本の安全に深刻な影響が出ます。読みが当たったとか外れたと言い合うレベルの話ではないのです。

中台関係ばかりでなく、とにかく国際社会は不確実性に満ちています。ウクライナ、パレスチナ、北朝鮮……。独裁的リーダーが軍事的合理性などを無視して暴走することは、ウクライナ戦争をみるまでもないことです。特に中国は前防衛大学校長で中国専門家の國分良成氏がいうように、危うい面が政治状況のそこかしこにのぞいています。

國分氏は秦剛外相、李尚福国防相の失脚のみならず、習近平国家主席を警護する王少軍党中央警衛局長の死が４月から７月まで伏せられていた奇妙な事実などを挙げ、「流布される理由は政治腐敗やスキャンダルだが、おそらくそれは本筋ではなかろう。習氏自らが信用できない側近たちを次々に切っているという説明も腑に落ちない。では何が真の理由か。やはり権力闘争以外に考えられない」（２０２３年11月９日付毎日新聞）と指摘します。

しかし、これは中国に限ったことではありません。世界のどこで何が起きてもおかしくないのです。私たち安全保障の専門家は、たとえ中国の国内政治が混乱しようと、台湾侵攻のような事態が起きないように努め、不幸にして事態が起きたときのためにも備えなければなりません。本書では、見通せない国際環境にあって空騒ぎを避け、万全の国家安全保障を構築する目的で、台湾有事を恰好の教材に選び、日本の防衛力整備についていささかの提言をさせていただきました。締めくくりにあたってひとつだけ申し上げたいのは、たとえ中国に台湾侵攻能力がないとしても、決して安心してはならないということです。**安全保障の世界に安心してよいという言葉はありません**。第５章でご説明したように、愚直に防衛力整備を積み上げ、同時に敵意が生じない関係を創り出すしかないのです。心に刻んでいただきたいと思います。

本書では、理解していただきやすいようＱ＆Ａの形をとっていますが、内容は自衛隊の高級幹部に話しているのと同じレベルで、それなりの自負はあります。いささかなりとも読者の参考になればと願ってやみません。

最後に、いつもながら浅学非才な私を導き、教えてもらっている同僚、西恭之静岡県立大学特任准教授と、企画の価値を認め、出版への道筋をつけてくださった西本幸恒文春新書編集長、繁雑な作業を引き受けてくださった担当の後藤祐実さんに心から御礼申し上げます。

２０２３年12月

小川和久

小川和久（おがわ かずひさ）

軍事アナリスト。1945年、熊本県生まれ。陸上自衛隊生徒教育隊・航空学校修了。同志社大学神学部中退。地方新聞記者、週刊誌記者などを経て、日本初の軍事アナリストとして独立。外交・安全保障・危機管理（防災、テロ対策、重要インフラ防護など）の分野で政府の政策立案に関わり、国家安全保障に関する官邸機能強化会議議員、日本紛争予防センター理事、総務省消防庁消防審議会委員、内閣官房危機管理研究会主査、隊友会理事などを歴任。小渕恵三内閣では情報収集衛星、ドクター・ヘリ実現に中心的役割を果たした。2012年から、静岡県立大学特任教授として静岡県の危機管理体制の改善に取り組んでいる。『「アマゾンおケイ」の肖像』（集英社インターナショナル）、『メディアが報じない戦争のリアル』（SB新書）、『フテンマ戦記』（文藝春秋）など著書多数。

文春新書

1439

日本人《にほんじん》が知《し》らない台湾有事《たいわんゆうじ》

2024年1月20日　第1刷発行

著　者　小　川　和　久
発行者　大　松　芳　男
発行所　株式会社　文　藝　春　秋

〒102-8008　東京都千代田区紀尾井町3-23
電話（03）3265-1211（代表）

印刷所　理　想　社
付物印刷　大　日　本　印　刷
製本所　大　口　製　本

定価はカバーに表示してあります。
万一、落丁・乱丁の場合は小社製作部宛お送り下さい。
送料小社負担でお取替え致します。

©Kazuhisa Ogawa 2024　Printed in Japan
ISBN978-4-16-661439-4

本書の無断複写は著作権法上での例外を除き禁じられています。
また、私的使用以外のいかなる電子的複製行為も一切認められておりません。

文春新書のロングセラー

磯田道史
徳川家康　弱者の戦略
人質、信長との同盟、信玄との対決……次々に襲う試練から家康は何を学んで天下を取ったのか——。第一人者が語り尽くす「学ぶ人家康」

1389

エマニュエル・トッド　大野 舞訳
第三次世界大戦はもう始まっている
ウクライナを武装化してロシアと戦う米国によって、この危機は「世界大戦化」している。各国の思惑と誤算から戦争の帰趨を考える
1367

樹木希林
一切なりゆき
樹木希林のことば

二〇一八年、惜しくも世を去った名女優が語り尽くした生と死、家族、女と男……。ユーモアと洞察に満ちた希林流生き方のエッセンス
1194

牧田善二
糖質中毒
痩せられない本当の理由

どうして人は太ってしまい、またなぜ痩せられないのか。それは脳が糖質に侵された中毒だから。そこから脱却する最終的方法を伝授！

1349

堤　未果
ルポ　食が壊れる
私たちは何を食べさせられるのか？

人工肉からワクチンレタスまで、フードテックの裏側で何が起こっているのか？「食と農」の危機を暴き、未来への道筋を示す本
1385

文藝春秋刊